Inhaltsverzeichnis

4

Vorwort

Mit diesem Buch soll dem Pädagogen der Blick für das Wesentliche in Mimik, Gestik, Bewegung und Getast in Verbindung mit stimmlich-verbalen Ausdruck geöffnet werden, damit verbale Aussagen durch eine sinnliche, ganzkörperliche Verankerung deutlicher erscheinen, emotionalen Tiefgang erfahren und dadurch glaubhafter werden.

Kommunikations- und Lernprozesse sind in der Schule hauptsächlich auf verbale Mitteilung angewiesen und fixiert. Dieser verbale Ausdruck wird im Laufe der Jahre inhaltlich und technisch ausgebaut und verbessert. Leider bleibt diese Verbesserung aber an der Oberfläche, solange nicht substantiell an der Stimme gearbeitet wird. Außerdem sollten weitere Mitteilungsformen wie Mimik, Gestik, Bewegung und Getast in die verbale Kommunikation und in verbal verlaufende Lernprozesse einfließen und eingebunden werden.

Die Sprache verliert damit an Abstraktheit und Neutralität. Eine Reduzierung von Ton und Gebärde bei einer Forderung von Abstraktheit und Neutralität wird leichter fallen als eine Kommunikation außerhalb bzw. in Zusammenhang mit dem verbalen Ausdruck.

Da die Körpersprache (Mimik, Gestik, Bewegung, Getast) als „Primärsprache" genetisch vor der stimmlichen Äußerung steht, versucht auch dieses Buch den verbalen Ausdruck bewußt bei der Körpersprache beginnend anzugehen.

In den Fächern Musik, Deutsch und Tanzerziehung und in Fächern, bei denen sprachlicher Ausdruck wichtig ist, soll Körpersprache bewußt in sprachlich und musikalische Ausdrucksformen integriert werden. Sprache und Gesang sollen sinnen- und körperhafter werden. Dadurch werden mehr Begabungsschichten bei den Kindern und Jugendlichen angesprochen, kreatives Handeln angeregt und ein deutlicher Motivationsschub erreicht. Unterrichtliches Sprechen wird von reiner Faktenvermittlung befreit. Das übliche „Leiern" verschwindet und macht einem inhaltsgemäßen und persönlich gefärbten sprachlichen Ausdruck Platz.

Mehr Spaß, mehr Anteilnahme und mehr Freude soll die sachgemäße Einbindung von Körpersprache in das verbale Geschehen im Unterricht bringen. Das ist Sinn und Zweck dieses Buches.

Wenzenbach/Salzburg, im Winter 1993

Hermann Handerer
Christine Schönherr

1. Ziele und Aufgabenstellung

1. Erziehung zum funktionsgerechten, sachgemäßen, ausdrucksstarken Umgang und Gebrauch der Stimme mit bewußter Einbindung von Körpersprache in jeder Lage im Rahmen von
– Kommunikation (Austausch von Alltäglichem, von Nachrichten oder Information)
– Sozialisation (Einbindung und Einordnung in gesellschaftliche Gruppen)
– Szenischer Darstellung (einzeln und im Dialog oder in Gruppen)
– Chorsprechen (Durchführen von Sprechchören)
– Chortanz (Singen bzw. Sprechen in tänzerischer Bewegung)
2. Leisten eines Beitrags zur Ichfindung und Ichstärkung, d. h. zur Persönlichkeitsbildung entsprechend der Zielvorgabe.
3. Vertiefung der Fähigkeit zur Kommunikation und Sozialisation, d. h. zur Hinwendung und Akzeptanz des Partners.

Aufgabenstellung:

Entwicklung und Entfaltung von Technik, Mobilität und Sensibilität bei Körpersprache und Stimmgebung, um entsprechende Ausdrucksmöglichkeiten spontan verfügbar machen zu können.

Dabei muß im Akt des Vollzugs folgendes gelernt werden:
– Sache und Inhalt durch Körpersprache und Stimme klar zum Ausdruck bringen;
– Situation und Zuständlichkeit, aus denen heraus das Verlautbarte gesehen wird, in der Stimme hörbar und im Körper sichtbar werden zu lassen;
– ein Stück des eigenen Wesens im stimmlichen Ausdruck und in der Körpersprache einzubringen.
– Musikalisches und menschliche Einordnung im Rahmen des gemeinsamen Agierens zu kultivieren.

Im besonderen soll folgendes erreicht werden:
– eine sensibilisierte Bewegungsfähigkeit des Körpers, insbesondere von Gestik und Mimik;
– die Fähigkeit, klar, deutlich und richtig sprechend und singend zu artikulieren;
– im stimmlichen Ausdruck und im Einklang mit der Körpersprache (Mimik, Gestik, Körperbewegung) den Inhalt einer Verlautbarung sinnadäquat rhythmisch-melodisch zu gestalten;
– aus der Vielfalt körpersprachlichen, stimmlichen Tuns und seiner mannigfaltigen Verflechtung eigenschöpferische Ideen und Gestalten entwickeln und diese realisieren.

6

2. Körpersprache und Stimme

Dem Menschen stehen zwei Kommunikationsebenen zur Verfügung, die verbale und die nonverbale, die Körpersprache. *Beide* sind zu einem umfassenden Informationsaustausch notwendig.

Es kann sein, daß beim verbalen Informationsaustausch etwas Wichtiges, Entscheidendes zum richtigen Verständnis ungesagt bleibt, dann aber gleichzeitig dieses Ungesagte durch Körpersprache vermittelt wird: Einem groben Wort kann z. B. durch eine entsprechende Geste die Schärfe genommen werden. Die Geste will besagen: „Es ist nicht *so* schlimm, wie du es eben gehört hast."

Während die Ausbildung von Stimme und Sprache fester Bestandteil von Bildungs- und Unterrichtsplänen ist – ob sie voll realisiert werden, ist eine andere Frage –, hat die Körpersprache diesbezüglich keine Heimat gefunden.

„Körpersprache ist mit der Zeit eine Fremdsprache geworden."[1]

Es gilt daher, die „Primärsprache", die Sprache unseres Körpers zusammen mit der stimmlichen und sprachlichen Bildung verstehen und anwenden zu lernen.

Körpersprache gibt wichtige Informationen über Haltung, Verhaltensweisen und Einstellung des Menschen. Das Unterbewußtsein tritt hier mit Mimik, Gestik und Bewegung zutage.

In *sprachlosen* Augenblicken sagt eine Geste, ein Blick, eine Wendung des Kopfes oder eine Veränderung der Haltung oft mehr als viele Worte.

Aber was nützt es, wenn solche Signale nicht beachtet, nicht verstanden bzw. das „Vokabular" der Körpersprache nicht verfügbar gemacht werden kann.

Von der Sprachentwicklung her muß die Körpersprache zunächst als dominant angesehen werden.

Sie beginnt beim Neugeborenen. Verschiedene Erlebniszustände lösen Bewegungen aus, die sich in Emotionsbewegungen und Aktionsbewegungen unterscheiden.

Das Kind lernt auf Reize zu reagieren; dabei ist es so, daß angenehme Stimulis die Muskeln verlängern, d. h. lockere und freie Bewegungen entstehen lassen, die Geist und Seele aufnahmebereit machen. Unangenehme Reize jedoch verkrampfen Muskeln; Seele und Geist verschließen sich und stoppen weitere Kommunikation und Information.

Die primäre Reaktion des Körpers löst geistig-seelische Reaktionen aus (von außen nach innen!).

Aus der Körpersprache entwickeln sich viele Informations- und Kommunikationssignale, in die sich Urlaute, wie schreien, jauchzen, lallen, schnalzen einbinden. Sie bilden die Ergänzung zur körpersprachlichen Kommunikation.

---

[1] Samy Malcho, Körpersprache, Mosaik Verlag München, 1983, S. 9

Im Laufe der fortschreitenden Sprachentwicklung erweitern sich diese Urlaute zu Schallbildern; das sind Gefühle, Emotionen und Affekte ausdrückende phonisch-artikulatorische Zeichen, sog. Akueme. Diese gehen eine Fusion mit Sprache und Körpersprache ein.

Stimmungen, Gefühle, Emotionen, Affekte spiegeln sich also vornehmlich in Sprachgestalten und in der Körpersprache wider, oder umgekehrt: durch gezielten stimmlichen und körpersprachlichen Ausdruck können Stimmungen, Gefühle, Emotionen, Affekte angeregt und ausgelöst werden. „Der entgegengesetzte (mechanischere) Weg von außen nach innen ist der des Komödianten."[2] Der des Schauspielers und Sängers geht von innen nach außen. Komödiant, Schauspieler und Sänger treffen sich also in derselben Aussageform. In diesem Berufsfeld wird körpersprachlicher, stimmlicher Ausdruck und emotionelles Innenleben in seinen Wechselbeziehungen besonders deutlich.

Es erscheint notwendig, dieses große emotionelle Begriffsfeld, soweit möglich, in kurzen Zügen zu klären. Der Begriff Emotion wird dabei als Sammelbegriff und als eigenständiger Begriff gebraucht.

Verstanden als Sammelbegriff, d. h. als Symptomenkomplex (Syndrom) beinhaltet Emotion fünf Bereiche: Erlebnistönung, Stimmung, Gefühl, Emotion (im engeren Sinn) und Affekt.

Sie alle kommen aus der nicht mehr unterscheidbaren Tiefe und Mitte des menschlichen Daseins: vom Unbewußten, aus dem sog. endothymen Grund. Kontrolliert oder unkontrolliert brechen sie daraus hervor und werden in Stimme, Körperbefindlichkeit und Körpersprache sichtbar, hörbar und spürbar.

1. **Erlebnistönung;** sie bedeutet eine gefühlsmäßige Reaktion auf Wahrnehmungen und Erkenntnisse. Beispiel: Auf die Geschmackswahrnehmung **süß** – z. B. Praline – geht eine angenehme Erlebnistönung einher, die sich in Körperhaltung und Stimme äußert; auf die Wahrnehmung bitter – z. B. Biß auf eine bittere Mandel – schlägt die Erlebnistönung in eine unangenehme um und äußert sich dementsprechend in Mimik, Körperhaltung und Befindlichkeit.

2. **Stimmung** als „Klangfarbe" des Lebensgefühls stellt eine umfassende ungegliederte Gesamtbefindlichkeit, eine Art Dauertönung eines Erlebnisfeldes dar. Sie kann ein „Zumute sein" des Gesamtfeldes bilden, z. B. Heiterkeit, Niedergeschlagenheit, indem sich das bestimmte Erlebnis bewegt.[3]

3. **Gefühle** können von außen, z. B. Kälte, oder von innen, z. B. Zärtlichkeit, kommen. Sie entstehen spontan und sind Zustandsveränderungen, die kontrolliert werden können und das innere Gleichgewicht nicht zu stören vermögen.

---

[2] Hermann Strehle, Mienen, Gesten und Gebärden, E. Reinhardt-Verlag, München, 1954, S. 11

[3] Siehe auch Euler/Mandl, Emotionspsychologie, Urban und Schwarzenberg, München, 1983, S. 6

Gefühle drücken die Bewertung einer Subjekt-Objektbeziehung, z. B. Kälte oder Wärme, Zärtlichkeit oder Abneigung, Liebe oder Gleichgültigkeit aus. In jeder Gefühlsregung ist eine zeitliche Dynamik zu erkennen: das Überwältigtsein und das Abklingen.

Im **Bindungsgefühl,** einem Aspekt der Wertschätzung von Personen oder Gruppen zueinander, wird im Geben und Nehmen die Beziehung zwischen Personen bestimmt.

Besonders zwischen Kindern und Eltern, Erziehern, Lehrern kommen diese Bindungsgefühle durch Sprache und Körpersprache zum Ausdruck.

Gefühle können auch als Modifikationen emotionaler Prozesse ablaufen. Eifersucht als emotionaler Prozeß löst z. B. das Gefühl der „Wut" aus, die wiederum vom Gefühl der „Scham" ausgelöst werden kann. Diese Gefühle stehen also unter intellektueller Kontrolle und können dementsprechend gerechtfertigt oder verworfen werden. Sie sind subjektive Erlebniskomponenten von

4. **Emotionen,** d. h. Gemütsbewegungen. Sie eilen Gedanken und Gefühlen voraus, kommen plötzlich unreflektiert und können deshalb weder gerechtfertigt noch verworfen werden.

Nach „De Rivera"[4] lassen sich sechs Typen von Emotionen unterscheiden, die sich auf Objekte oder Menschen zu- oder wegbewegen;

Zubewegen: Liebe – Wertschätzung – Akzeptanz

Wegbewegen: Ärger – Verachtung – Zurückweisung

Mower (1960) unterscheidet wieder 4 Typen von **Erwartungsemotionen**, nämlich Hoffnung, Furcht, Erleichterung, Enttäuschung und bindet diese in Motivationsprozesse im Sinne von Verhaltensanreizen ein.[5]

Emotionen sind zunächst nicht an bestimmte Gefühle gebunden. Erst im Stadium der Selbstreflexion können sie dann als Gefühle spezifischer Qualität gedeutet werden. Emotionen drängen zu bestimmten Handlungen und Reaktionen mimisch-gestischer, körperlicher und stimmlicher Natur.

5. **Affekte** sind besonders heftige Gefühle, die zu unbedachten Handlungen führen können. Gefühle **bewegen**, Affekte **erregen**.

In ungleich höherem Maße als bei Gefühlsbewegungen wird der gleichmäßige Ablauf des psychosomatischen Geschehens eines Menschen unterbrochen. Im sog. **negativen Affekt** überschreitet die Erregung plötzlich und dauerhaft einen bestimmten Schwellenwert, im sog. **positiven Affekt** wird der Schwellenwert nur kurzfristig überschritten, tritt in gemäßigter Stärke auf und wird mit Hilfe des Intellekts registriert.[6]

---

[4] siehe Euler/Mandl, a.a.O., S. 56
[5] siehe Euler/Mandl, a.a.O., S. 251
[6] siehe Euler/Mandl, a.a.O., S. 88

Man unterscheidet **Primitivaffekte** (Schreck, Aufregung) und **Affekte des höheren Seelenlebens** (Entsetzen, Entzücken, Empörung). „In den Primitivaffekten (Schreck, Aufregung) verläßt der Mensch seine Haltung als denkendes Wesen."[7]

Der nöetische Horizont (Denkhorizont) wird eingeengt und verdunkelt: „Man ist blind vor Wut", „man verliert den Kopf" oder „man ist starr vor Entsetzen". Der Mensch sinkt in eine unkontrollierte, vorintellektuelle, ungeistige Haltung ab.

Affekte des höheren Seelenlebens stehen in der Intensität nahe des sog. Positiven Affektes und können bald von kognitiven Aspekten aufgefangen und normalisiert werden.

Alle diese vorhin aufgeschlüsselten emotionalen Prozesse traten aus dem endothymen Grund heraus über Körpersprache und Stimme an das Tageslicht, werden als solche erkannt und ins Bewußtsein geholt. Sie haben neben der Sprache bedeutende kommunikative und soziale Funktionen.

Im Sprechprozeß werden emotionelle Regungen, wie schon gesagt, durch sog. Akueme hörbar. Es sind Schallbilder, die im Sprechverbund unselbständig als phonisch-artikulatorische Zeichen auftreten. Sie gehen mit Sprache oder Interjektionen (Empfindungswörter) eine innige Fusion ein und geben zusammen mit der Körpersprache den emotionellen Ausdruck und Hintergrund.

Durch die akuemische Einbindung in den Sprechprozeß werden dabei Atmung, Dynamik, Rhythmus, Stimmregister, Enge und Weite der Stimme, Artikulationsweise, Vokalisation, Tonhöhe und -tiefe, Melodieablauf und Volumen beeinflußt.

Akuemische Äußerungen der Stimme nach Lautstärken geordnet:

pp	p	mp	mf	f	ff
flüstern	lispeln	schluchzen	jammern	schreien	kreischen
murmeln	murmeln	lallen	blöken	juchzen	brüllen
	seufzen	stammeln	japsen	bellen	gröhlen
	röcheln	winseln	husten	keifen	
	hecheln	weinen	aufweinen	prusten	
	weinen	hüsteln	räuspern	auflachen	
	kichern	schmatzen	grunzen	quietschen	
	glucksen	stöhnen	trällern	wiehern	
	summen		schnalzen	knurren	
	brummen		lachen		
			jodeln		
			pfeifen		
			stottern		
			nuscheln		
			näseln		

---

[7] Philipp Lersch, Aufbau der Person, J. A. Barth, München, 1952, S. 176

Synchron mit dem akuemischen Ausdrucksgeschehen laufen Mimik, Gestik und Körperbewegung. Mit ihrem Bewegungsablauf interpretieren und unterstützen sie das in der stimmlichen Verlautbarung Auszudrückende je nach Temperament, Können und Vermögen.

Entsprechend des Ausdrucks der Stimme, der Lautstärke und der akuemischen Art der Stimmgebung richtet sich auch im wesentlichen der Bewegungsumfang der Gesten und Gebärden. Von der großen zur kleinen Bewegung, von der langsamen, pathetischen bis zur lebhaften oder fahrigen Bewegung werden unzählige Ausdrucksmöglichkeiten frei, die die stimmliche Aussage unterstützen. Es sind spontane oder auch regulierte Kundgabeformen der inneren Verfassung.

Berufe, soziale und gesellschaftliche Bedingungen haben zu einer „Ritualisierung" bestimmter Gebärden (Mimik und Gestik) und Körperhaltungen geführt:
– „Grußgebärden, Kontaktrituale im familiären und beruflichen Bereich;
– Zustimmungsgebärden, Ablehnungsgebärden;
– aggressive Drohgebärden, Verteidigungsgebärden, Unterwerfungsgebärden;
– stark formalisierte Ritualgebärden (Kirche, Politik, Diplomatie, Kongresse, Feste, Verschwörung, Vereine, Bereiche des Lehrens, Dozierens usw.);
– Chefgebärden, sachliche und affektive Autoritätsgebärden;
– Gebärden des Kumpelns, der Kameraderie, der Partnerwerbung;
– Gebärden der Zärtlichkeit, Zuneigung;
– Gebärden der Isolation, Vereinsamung, der affektiven Verarmung;
– altersspezifisch bestimmte Gebärden und Körperhaltungen;
– Gebärden und Körperhaltungen (Kleidung und Haartracht usw.), die im besonderen Maße Zugehörigkeit zu einer bestimmten Gruppe signalisieren (z. B. Rocker, Hippies, allgemeine Haltungs- und Kleidungsnormen von Jugendlichen, von uniformierten Gruppen: Polizei, Militär usw., Bewegungsstilisierung innerhalb dieser Gruppen);
– indoktrinierende Gebärden (Zeigefinger, Faust, Imponiermimik, „Aufblasen" des Oberkörpers, Auf- und Abwippen, Anheben des Kopfes, Nachvornlehnen am Rednerpult usw.);
– Gebärden und Körperhaltungen, Kleidungsgewohnheiten in ländlichen und städtischen Wohnbereichen;
– feminine und maskuline Klischeegebärden und „echte" geschlechtsspezifisch determinierte Haltungen."[8]

Im Rahmen dieser „ritualisierten" Gebärden und Bewegungen vollzieht sich individuelle Körpersprache, bestehend aus unzähligen Signalen – pro Sekunde 5.000–10.000 Signale, in der Mimik mit 20.000 unterschiedlichen Bewegungen – verbunden mit akuemisch gefärbter sprachlicher Verlautbarung.

[8] Klaus Bertelsmann, Ausdrucksschulung, Klett Verlag Stuttgart, 1975, S. 50

Dabei widerspricht oft die Körpersprache die der sprachlichen Verlautbarung, so daß die beiden Kommunikationsebenen sehr viele, variable Aussagen vermitteln können.

Stilisierte mimisch-gestische und körperliche Ausdrucksformen entstehen im künstlerischen Bereich in Bewegung und Tanz, wo sich Musik, Gesang und Tanz in rhythmisch synchronen Formen vereinen.

Eine besondere Form der Körpersprache ist die Pantomime. Sie will „in lapidar abstrahierender Form den Kern von Verhaltensweisen; Situationen, Handlungsmuster auf den Körperausdruck des Menschen reduzieren".[9] Als Kunstform stellt sie höchste Ansprüche an Konzentration und Ausdruckskraft.

3. Körpersprachliche Übungen verbunden mit Vitalimpulsen der Stimme

In diesem Kapitel wollen wir Wege aufzeigen, wie eine volle Verfügbarkeit über mimische, gestische, haltungsmäßige und bewegungstechnische Gestaltungsmittel im Dienste eines sprachlichen oder gesanglichen Ausdrucks erlangt werden kann. **Dabei ist zu beachten, daß der Körper sowohl als „Sprech- bzw. Gesangsinstrument" als auch als „Ausdrucksinstrument" fungiert.**

Beide Funktionen können im Gleichklang stehen, aber sich auch gegenseitig behindern, z. B. bei Opern, Operetten, Musicals, wo in verschiedener, der Gesangsstimme nicht dienlicher Haltung oder Bewegung gesungen werden muß.

In vorstehendem Kapitel steht der Körper als Ausdrucksinstrument im Vordergrund. Der Körper als Sprechinstrument wird dabei beachtet und fügt sich entsprechend den Forderungen des Ausdrucks.

Mobilität und Sensibilität des körpersprachlichen Ausdrucks soll erreicht und in seiner Vielfalt angesprochen werden.

Es geht zunächst darum, Körpersprache als „Primärsprache" zu erlernen. Im Verlaufe des Lernprozesses fließen rudimentär stimmliche Ausdrucksmittel mit ein, die die Körpersprache spontan ergänzen. Den dabei frei werdenden stimmlichen und sprachlichen „Urstoffen": Konsonanten, Vokalen, Interjektionen, Silben, wird hierbei bezüglich der stimmtechnischen Realisierung große Bedeutung zugemessen.

3.1 Mimik und Stimme

Die mimischen Ausdrucksformen werden hauptsächlich von der Augen- und Mundpartie gesteuert.

---

[9] Klaus Bertelsmann, a. a. O., S. 52

Das Gesicht **über** unseren Augen besteht aus Stirn, Schläfen und Augenbrauen. Das Gesicht **unterhalb** der Augen wird vom Mund mit Unterkiefer, Zähnen, Zunge sowie von Nase und Wangen beherrscht.

Der Ausdruck der Augen, als „Fenster unserer Seele" kommt durch die Art der Intensität des Blicks zur Geltung. Den Vitalitätsgrad verspürt man durch den Glanz der Augen. Ihre Wirkung wird unterstützt durch die Erweiterung bzw. Verengung der Pupille, durch Bewegung der Muskeln um die Augen, durch die Augenlider sowie durch Bewegungen der Gesichtshälfte: Stirn und Augenbrauen.

Der Blick kann in die Ferne gerichtet oder zielgerichtet auf eine Person bzw. Personen oder Sachen sein. Gestützt werden all diese Vorgänge je nach Ausdruck durch eine lockere oder steife Haltung des Nackens.

Ein intensiver Blick von Person zu Person(en) bedeutet immer ein Kräftemessen, das von Dauer und Intensität abhängt.

Zu Beginn eines Gespräches steht zur Kontaktaufnahme ein Blickwechsel. Im Verlauf des Gesprächs finden verschiedene Blickkontakte zur Unterstützung und Vertiefung der Kommunikation statt; auch das Abwenden des Blicks gehört dazu. Ein letzter Blickwechsel sagt etwas über die emotionale Schlußbefindlichkeit des Kommunikationsvorgangs aus.

Ein paralleles Nervensystem ermöglicht das Zusammenspiel verschiedener Ausdrucksmöglichkeiten von Augen- **und** Mundmuskulatur. Z. B. werden bei Staunen, Überraschung oder Schrecken Augen **und** Mund gleichzeitig aufgerissen.

Der Mund und seine „Formanten": Lippen, Zunge, Zähne, Kiefer und Gaumen dienen gleichermaßen zur Nahrungsaufnahme wie zur Formung stimmlicher Äußerungen. Außerdem ist er wesentlich am körpersprachlichen Ausdruck von Empfindungen beteiligt. „Der Mund ist nicht nur einer der geschäftigsten Teile des Körpers, er ist auch einer der ausdrucksvollsten."[1]

In die Mundbewegungen sind die der Wangen mit eingebunden. Durch Erröten oder Erbleichen der Wangen werden Signale über wechselnde Gemützustände des Menschen gesendet.

Zähne und Zunge werden beim Mundöffnen und -bewegen mehr oder minder frei und vertiefen den durch den Mund gewonnenen Ausdruck. Der Zunge, wenn sie bewußt eingesetzt wird, kommt dabei zweierlei zu: entweder weist sie in obszöner Form ab oder lockt andererseits in erotischer Weise an. Unbewußt reagiert die Zunge auf Empfindungen geschmacklicher und emotioneller Natur. Zähne können in aggressiver und in freundlicher Absicht gezeigt werden. Das

---

[1] Desmond Morris, Körpersignale, Wilhelm Heyne Verlag München, S. 93

Zusammenbeißen der Zähne wirkt sich auf die Mund- und Wangenpartie aus und wird hier sichtbar, sogar hörbar (Knirschen mit den Zähnen!!).

Durch Lautierung verbindet sich sprachlich-stimmliche Ausdruckskraft an derselben Stelle mit der üblichen körpersprachlichen Aussage der Mundpartie.

Nicht umsonst wird der Mund als das „Schlachtfeld des Gesichts" (Desmond Morris) bezeichnet, als das Zentrum kommunikativer Äußerungen.

Mit den Mundbewegungen werden Wangen und Nase mitbewegt. Sie sind Bindeglieder zur oberen Gesichtshälfte, der Augenpartie.

Die Nase kann selbsttätig einzelne Körpersignale, z. B. Nase rümpfen, Nasenflügel blähen, senden, die von Augen- und Mundpartie ausdrucksmäßig ergänzt werden.

Wenn das eben beschriebene „Gesichtsfeld" mimisch in Gang gesetzt wird, wird es automatisch mit mehr oder minder großen gestischen Bewegungen von Fingern, Händen und Armen begleitet. Darauf soll bei den praktischen Übungen wohl hingewiesen, aber nicht grundsätzlich eingegangen werden. Genauso wird mit den Körperhaltungen: Sitzen, Stehen, Gehen und Liegen verfahren, innerhalb der sich Mimik vollziehen kann. Bei den folgenden Kapiteln werden dann diese Probleme schwerpunktmäßig dargelegt und geübt werden.

Mimik ist zwar das Zentrum der Körpersprache, darf aber nie isoliert geübt werden, genauso wie es bei der Stimmbildung der Fall ist, wo Detail-Arbeit immer im Hinblick auf die Gesamtfunktion der Stimmgebung gesehen werden muß.

Zur Methodik:

Bevor mimischer Ausdruck mit stimmlicher Äußerung in Verbindung gebracht werden kann, muß das „Gesicht" zunächst stumm durch Bewegung bewußt gemacht, d. h. erkundet werden, und zwar technisch **und** ausdruckbildend, z. B.

Erkundung der Augenpartie:

technische Übungen: Stirnrunzeln, Augenbrauen heben und senken usw.

Ausdrucksübungen: Blickkontakt aufnehmen, sich messen mit Blicken, Anstarren, Blick senken usw.

Zu diesem stummen, pantomimischen Spiel tritt der stimmliche Einsatz. Beide sind verbunden im „Akuem".

Akueme sind alle Merkmale „durch die sich ein Affekt oder ein Gemütszustand phonisch und artikulatorisch kundgibt und die sich in den Realisationen wiederfinden müssen, damit deren Bedeutung verstanden werden kann".[2] Der Affekt „zornig" muß sich z. B. in Lautklang, Lautstärke, scharfer Artikulation **und** im mimisch gestischen Ausdruck gleichermaßen kundtun.

Um eine körpersprachlich – stimmliche Ausdrucksgestalt im Sinne der gemein-

---

[2] Trojan, zitiert in Günther Habermann, Stimme und Sprache, dtv, 1978, S. 96

14

ten akuemischen Intuition zu erreichen, muß immer wieder getrennte körpersprachliche und stimmliche Detailarbeit geleistet werden.

Obwohl in diesem Kapitel „Körpersprachliche Übungen" die Körpersprache im Vordergrund steht, darf der stimmliche Aspekt, technisch wie ausdrucksmäßig, nicht vernachläßigt werden.

Übungen

1. Vorübungen zum Kennenlernen der oberen und unteren Gesichtshälfte (mit Handspiegel):
– Stirnrunzeln – Augenbrauen heben, senken, zusammenziehen –
– Große, kleine Augen machen – Augenaufschlag – abwechslungsweise ein Auge öffnen und schließen, mit Augenzwinkern, Augen rollen
– Nase rümpfen – Nasenflügel blähen und zusammenziehen
– Mund geschlossen halten: leicht und locker Lippen schließen – Mund verschieden weit öffnen: Unterkiefer dabei fallen lassen – Mund aufreißen – Zähne fletschen
– Lippen stülpen – aufeinander pressen und mit den Zähnen knirschen – Lippen nach verschiedenen Richtungen führen, Unterkiefer und Wangen dabei bewegen – Zunge bewegen: herausstrecken weit, dann mit kleinen Bewegungen nach verschiedenen Richtungen – Lippen ablecken – im Mundraum Wangen mit der Zunge ausbuchten – Zunge wie einen Löffel entspannt in den Mund bei verschieden großen Mundöffnungen legen.

2. Grimassen schneiden: im Dialog versuchen, ein pantomimisches Zwiegespräch improvisatorisch zu gestalten.

3. Mit Augenkontakt Dialog in Gang setzen, mit Blicken Dialog fortsetzen und mit Mimik und Gestik unterstützen, Dialog mit Blicktrennung beenden.

4. Akuemische, vitale Stimmäußerungen werden dominant für den körpersprachlichen Ausdruck; es betrifft die Gesamthaltung und Ausstrahlung sowie das mimisch-gestische Verhalten als Pendant zur stimmlichen Äußerung:
– **Lachen** in verschiedenen Versionen vom offen, herzlichen Lachen: ha, ha – über das polternde Lachen: ho, ho –, das meckernde Lachen: he, he –, bis hin zum koboldartigen, kichernden Lachen: hi, hi–.

Dabei ist auf Stimmsitz, Stimmeinsatz, Artikulation, Tonfarbenveränderung und Tonhöhe (siehe Unterrichtsskizzen zur Stimulation vom Mimik und Körpersprache, Play Lach S. 36) zu achten. Es wird zunächst ohne Rücksicht auf körpersprachliche Intentionen Lautformung und Stimmeinsatz „coup de glotte" geübt, dann erst in rhythmisch-dynamisch gestaltbildende Prozesse zusammen mit dementsprechender Körperhaltung, Mimik und Gestik eingebunden.

Das körpersprachliche Training kann entsprechend der akuemischen Intention ebenfalls stumm mit geformten Lauten und aus dem Zwerchfell gestoßener

Atemfolge (rhythmisch präzise) vor der Zusammenführung mit den stimmlichen Äußerungen erfolgen.

Ähnlich methodisch aufgeschlüsselt wird mit der Einbindung der folgenden akuemisch-stimmlichen Äußerungen in die Körpersprache (mimische Äußerungen) verfahren.

– **Weinen, Schluchzen** in vielgestaltigen Möglichkeiten üben: vom lauten aggressiven bis hin zum stillen Weinen und Schluchzen mit vielen sich wiederholenden Lautierungen, Silben und Wortfetzen wie: ohohoho…, uhuhuhu…; o nein, o nein, o nein; o je, o je, o je; ach nein, ach nein; auch das noch, o Gott, o Gott, o Gott.

Der körpersprachliche Gestus, sitzend oder stehend, erscheint gebeugt, nach innen gekehrt, das Gesicht abgewandt, verzerrt und mehr oder minder geschüttelt vom kurzen, stoßweisen Atem.

Bei dieser Übung wird es zweckmäßig sein, daß das Körpersprachliche zuerst einsetzt, um das folgende akuemische Lautieren dementsprechend passend gestalten zu können (siehe Unterrichtsskizzen zur Stimulation von Mimik und Körpersprache, Jeremiade, S. 35)

– **Lachen und Weinen** kann dicht nacheinander folgen: Vom Weinen zum Lachen löst z. B. ein Zweiter aus, der den Weinenden zum Lachen bringt.

Vom Lachen zum Weinen kann ein plötzlich ausgelöster Schmerz (seelisch oder körperlich) führen.

Solche bereits gestaltbildenden Vorgänge müssen besonders an der „Nahtstelle" zwischen Lachen und Weinen bzw. Weinen und Lachen genau besprochen, körpersprachlich und stimmlich getrennt, dann zusammen geübt werden.

Achtung: Die Wendung der Stimmungslage geht immer zuerst von der Körpersprache aus. „Die Sprache muß dem Gestus der sprechenden Person folgen." (Bert Brecht) Die Körpersprache bereitet die Art des stimmlichen Einsatzes vor.

– **Ekel und Widerwillen** kann sich vor einer Person, einem Tier oder einer Sache einstellen. Die Reaktion wird meistens eine kurze, abweisende bis aggressive Handlung sein. Die Stimme wird kurz, scharf, hell, hoch, gepreßt klingen und die Artikulation präzis sein, wie z. B. ä, ä – bäh, brrrh, weg! geh! geh weg! Hand weg! Pfui, du stinkst!

Die körpersprachliche Einstellung ist mit dem Rumpf abgewandt und gespannt, das Gesicht zugewandt jedoch mit abweisender Mimik, verzerrte Mundpartie und bösen Augen.

– **Staunen** entwickelt sich aus Gelassenheit und Ruhe heraus; man ist auf das Ereignis, das Staunen auslöst, vorbereitet, z. B. ein Feuerwerk, aber es beeindruckt besonders.

Es löst angenehm gespannte Aufmerksamkeit und Zuwendung aus. Dieser körpersprachliche Vorgang, der zunächst eigens geübt wird, wird dann unterstützt durch akuemisch gefärbte Laute wie a, a, wie schön! O, toll! U, wie gruselig!

Es ist notwendig, konkrete Situationen als Ausgangspunkt der Übung zu nehmen, um das jeweils Typische an dem Staunen herauszuarbeiten.

– **Überraschung** löst ein nicht vorbereitetes Ereignis aus, das positiver oder negativer Natur sein kann. Unangemeldeter Besuch kann z. B. freudige oder üble Überraschung auslösen (siehe Unterrichtsskizzen zur Stimulation von Mimik und Körpersprache, Überraschender Besuch, S. 33). Eine Todes- oder Unglücksnachricht löst schmerzliche Überraschung aus, ein Los-Gewinn freudige, usw.

Während das Staunen aus der Ruhe und Gelassenheit wächst und sich entwickelt, erfolgt die Überraschung abrupt.

Eine Darstellung der Ausgangssituation ist deshalb notwendig, um den Überraschungseffekt klar sichtbar und hörbar machen zu können.

In Gruppenarbeit werden solche „Überraschungs-Szenen" entwickelt und vorgeführt. Der stimmliche Einsatz beschränkt sich beim Überraschungsmoment auf akuemische Laute und einsilbige Wörter.

Eine getrennte pantomimische sowie stimmliche Darstellung, der eine gesamte körpersprachlich-stimmliche Darstellung folgt, vermag die jeweiligen Gestaltungsvorgänge besser zu erkennen, zu beurteilen, zu korrigieren und auf wechselseitige Beziehungen einzugehen.

Lieder und Gedichte zum Gestalten

Ein alter Spaß, neu aufgeputzt   (Friedrich von Lehr)

Der Herr
„Wohin des Wegs, ihr Esel, ihr zwei?"
Die Esel:
„Wir gehen zur Mühle, am dritten vorbei!"
Chor:

Grau und rot

Das Stück kann auch solistisch dargeboten werden

Chor

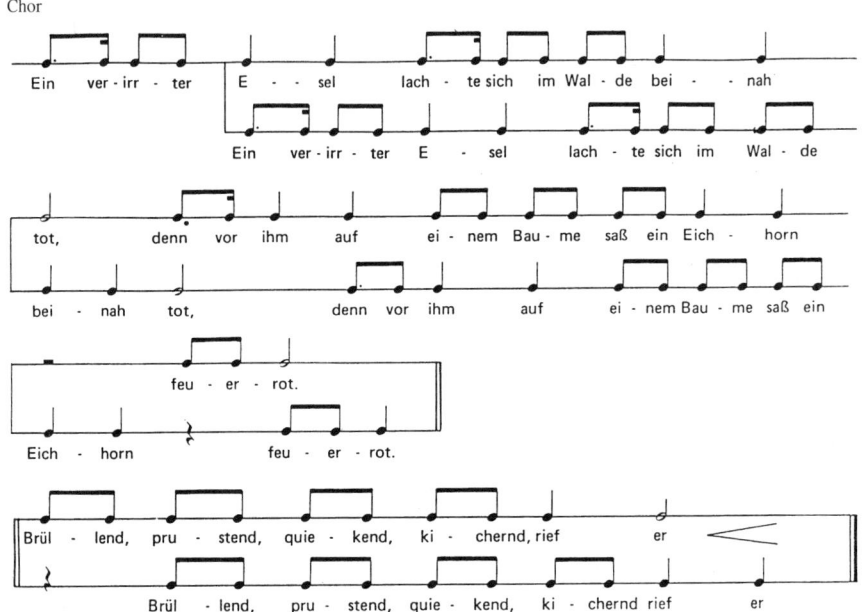

1. Sprecher (Esel):

„So was sah ich nie! Ha! Wie ist das komisch! Rote Haar hat das Vieh!"

Chor:

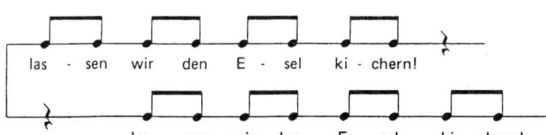

2. Sprecher:

Das gescheite Eichhorn spricht:

3. Sprecher (Eichhorn):

„Über rote Haare lachen nur die Esel."

Chor:

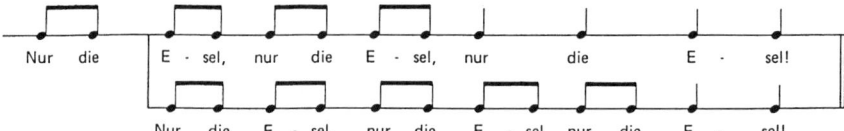

4. Sprecher:

„Oder nicht?"

Text: Zbigniew Lengren. Übersetzung aus dem Polnischen: James Krüss.
© Bertelsmann Verlag, München

Unterrichtsskizzen zum Mimikort Mund

Der Mund ist der Teil unseres Gesichtes, bei dem stimmliche Äußerung und mimischer Ausdruck eng miteinander verbunden sind. Diese beiden Fähigkeiten des Mundes werden uns bei drei Gedichten bewußt, die der österreichische Dichter Ernst Jandl geschrieben hat. Es sind keine Gedichte im herkömmlichen Sinne, in denen er eine Stimmung „verdichtet", sondern er dringt in die Sprache ein, setzt dort an „wo die Sprache als Rohstoff liegt" (E. Jandl). In den folgenden Gedichten rücken die Lippen als Entstehungsort von Lauten sowie der Mund als Klangraum in den Mittelpunkt.

Lernziel:

– Sammlung von Erfahrungen mit der Mundpartie als Ort mimischen Ausdrucks wie als Ort, der an stimmlich-sprachlichen Äußerungen wesentlich beteiligt ist.
– Ausprobieren von verschiedenen Lippenstellungen im Hinblick auf ihre akustische und mimische Wirkung.
– Ausdrucksvolles Sprechen einzelner Laute, unterstützt durch Mimik und Gestik.
– Erfahren, daß lautloses Sprechen einer besonders großen Körperpräsenz und Ausdrucksklarheit in Mimik und Gestik bedarf.

Der Mund
(Ernst Jandl)

1. Erfahrungen bei dem Gedicht „Der Mund" von E. Jandl in der Sprechgruppe. Alle drei Gedichte eignen sich sowohl zur Interpretation durch eine Sprechgruppe als auch zur Einzeldarstellung. Als Einstieg jedoch empfiehlt sich ein Sprechen gemeinsam in der Gruppe, um ungehemmter den Artikulations- und Mimikort „Mund" zu entdecken und zu bewegen. Das Gedicht „Der Mund" regt uns an, gemäß Jandls Regieanweisungen mit verschiedenen Öffnungsgraden des Mundes zu experimentieren, zu erfahren, wie Mundraumgröße mit dem Volumen des Sprachklanges sowie mit der Verständlichkeit der Sprache zusammenhängen und wie die Sprache klingt, wenn sie bei fast geschlossenem Mund erfolgt.

der mund[3*)]

teil 1

er ist offen
er ist weiter offen
er ist sehr weit offen
er ist zu
teil 2
sie sehen nicht hinein
sie sehen hinein[**)]
sie sehen nicht hinein

* der aussage der einzelnen zeile entsprechend, ist der mund beim sprechen des textes möglichst vollkommen unbeweglich jeweils offen, weiter offen, sehr weit offen oder geschlossen zu halten, wobei die lautbildung, in verschiedenen graden von annäherung an das gewohnte lautbild, durch die in bewegung bleibenden teile – zunge und kehlkopf – und durch die, möglichst geschickte, lenkung des luftstroms und ausnützung der resonanzräume erfolgt.
** mundstellung wie teil 1 zeile 2

Beim Sprechen der einzelnen Zeilen werden wir bemerken, wie eng Augen und Mundpartie miteinander verbunden sind, wird der Mund weiter geöffnet, werden die Augen größer.
2. Präsentation des Gedichtes durch Solisten
Haben wir mit diesem Gedicht Erfahrungen in der Sprechgruppe gemacht, so werden andere Schwerpunkte gesetzt, wenn jede Zeile von einem anderen Sprecher übernommen wird. Der Mund muß sofort in der geforderten Öffnung sprechbereit sein, und die Sprecher der ersten und zweiten Zeile müssen ihre Öffnung so dosieren, daß der Sprecher der dritten Zeile noch eine Steigerungsmöglichkeit hat.

Die Lippen

1. *Lippenexperimente mit Jandls Gedicht*
Das Gedicht „Die Lippen" kann zum Ausgangspunkt für Lippenexperimente werden. Dazu eignet sich besonders die visuelle Version des Gedichtes. (Siehe Jandls Erklärung dazu)

[3)] aus: Ernst Jandl, Gesammelte Werke in 3 Bd., Hrsg. von Klaus Siblewski, © 1985 by Luchterhand Literaturverlag, Hamburg

20

die lippen[4]

+) 1. teil	2. teil	1. teil	2. teil
die	die	die	die
oberlippe	unterlippe	unterlippe	oberlippe
	umkehrung		überlagerung
			die
			lippen
			visuelle version+)

1. teil	2. teil	1. teil	2. teil
++)	+++)	+++)	++)
	umkehrung		überlagerung
			++++)

+) diese Version ist nicht zu sprechen, sondern sichtbar zu machen; die titel hingegen werden gesprochen

++) die oberlippe wird so über die unterlippe gestülpt, daß diese nicht, jene hingegen auffällig, sichtbar ist.

+++) die unterlippe wird so über die oberlippe gestülpt, daß diese nicht, jene hingegen auffällig, sichtbar ist

++++) beide lippen werden in geschlossenem zustand leicht nach vorn gestülpt, so daß beide, in gleichem maß auffällig, sichtbar sind

---

[4] Ernst Jandl, a.a.O.

Wie verändert sich mein Gesichtsausdruck, wenn die Oberlippe über die Unterlippe oder aber die Unterlippe über die Oberlippe gestülpt oder aber die Lippen nach vorn geschoben werden? Welche Wirkungen haben diese Lippenveränderungen auf die Sprache? Probieren wir dies am folgenden Testsatz aus, indem wir ihn in verschiedenen Lippenformationen sprechen.

2. Lippenexperiment mit einem Testsatz

„Wenn ich wollte, was ich sollte, könnt ich alles, was ich wollte."

2.1 Sprechen wir den Satz vor uns hin, als ob wir ihn memorierten.

2.2 Als nächstes können wir die mimische und akustische Wirkung beobachten, wenn wir diesen Satz mit bewegungslosen Lippen sprechen. Bei dieser Sprechweise wird auf den Zuschauer kein Funke überspringen, eher wird sich Müdigkeit ausbreiten.

2.3 Im Anschluß sollten wir in gegenteiliger Weise, nämlich mit übertriebener Lippenbewegung sprechen.

2.4 Wie ist das Klangergebnis, wenn wir mit übergestülpter Oberlippe bzw. Unterlippe sprechen? Assoziationen an Zahnlosigkeit sind unvermeidlich.

2.5 Nun können wir noch eine bekannte Schauspielerübung anschließen und unseren Satz mehrmals hintereinander mit einem Korken zwischen den Zähnen sprechen und gleich eine Sprechprobe ohne Korken anschließen. Was hat das Korkensprechen bewirkt? Wir werden das Ergebnis hören und an unseren Lippen spüren, wie der Korkenwiderstand die Muskulatur aktiviert und damit die Artikulationspräzision erhöht hat.

Das Sprechen des Testsatzes sollte partnerorientiert sein, so daß dieser ein feedback über die akustische und visuelle Wirkung des Gesprochenen geben kann.

Das visuelle Lippengedicht

1. mit Ton

Bestand der zweite Teil des Gedichtes „Die Lippen" bereits aus einer visuellen Vision, bei der man nur etwas sieht, aber nichts hört, so ist das visuelle Lippengedicht von Anfang bis zum Ende lautlos vorzutragen.

Als Einstieg könnte die visuelle Komponente erstmal in den Hintergrund treten und das Gedicht von einer Gruppe gesungen werden. Nur der Buchstabe „f" wird nicht stimmhaft gebracht werden können, denn würde er gesungen, so käme dabei ein ‚w' heraus. Er bleibt also als Reibelaut stimmlos.

Visuelles Lippengedicht[5]

a

ba

a

ba

f

i

ba

bi

ab

2. gesprochen mit der inneren Vorstellung einer Aussage

Der „Chor" könnte in kleinere Gruppen aufgeteilt werden, innerhalb derer es leichter ist, sich von dem eher ausdrucksneutralen Singen der Laute zu lösen und sie immer mehr aus einer Vorstellung heraus zu gestalten.

Wahrscheinlich ist es dafür hilfreich, das Gedicht nicht mehr zu singen, sondern zu sprechen und damit auch eine Brücke zur visuellen, lautlosen Darstellung zu schlagen. Durch eine innere Vorstellung wird die Körpersprache aktiviert und gerade dadurch intensiviert, daß keine vertrauten Worte verwendet werden, sondern der ganze Ausdruck nur in einzelne Buchstaben hineingelegt werden muß. So könnte das „a" in der Vorstellung des freudigen Erstauntseins gesprochen werden. Weit geöffnete Augen, ein freudiger Mund, ausgebreitete Arme, breitbeiniges Stehen wären ein möglicher Ausdruck.

Das „ba" könnte ein noch verstärktes Erstaunen zum Ausdruck bringen, genauso aber wäre es vorstellbar, daß das „ba" das vorhergehende freudige „a" abrupt abbricht mit abschneidender Armbewegung, harter Mimik und scharfem Stimmklang. Durch die Gruppenarbeit werden sicherlich unterschiedliche Interpretationsmöglichkeiten gefunden werden.

3. lautlos

Um nun die Vorstellung des Dichters Ernst Jandls auszuführen, sollte im Anschluß an den gesprochenen Vortrag des Gedichtes gleich eine lautlose, eine visuelle Version erfolgen. Die Buchstaben sollen laut Jandls Regieanweisung „mit den Lippen in die Luft geschrieben werden." Die innere Klangvorstellung des gerade vorher gesprochenen Wortes wird helfen, daß der lautlose Vortrag der akustischen Darstellung in der Wirkung nicht nachsteht. In der visuellen Gestaltung gewinnen die mimischen und gestischen Möglichkeiten besondere Bedeutung, denn sie sind nun die entscheidenden Träger des Ausdrucks.

—————   .

[5] Ernst Jandl, Laut und Luise, Reclam, 1976, S. 81

4. *mit Requisit*

Die Mund- und Lippenbewegungen bei der Lautbildung erhalten noch eine humoristische Komponente, wenn wir Jandls Widmung des visuellen Lippengedichtes aufgreifen. Jandl schreibt: diese Gedichte sind gewidmet: dem schnurrbart von daniel jones, dem großen englischen phonetiker.

Jeder Sprecher sollte sich einen Schnurrbart beschaffen und ausprobieren, ob er ihn als Oberlippenbart benutzt oder ob die Wirkung lustiger ist, wenn der Bart unter der Unterlippe angeklebt wird.

5. *Das eigene Lippengedicht*

Schließlich könnte Jandls Gedichtvorlage dazu anregen, in kleinen Gruppen eigene Lippengedichte zu schreiben und diese mit viel „Lippengefühl" vorzutragen. Ob sie wohl von den Zuschauern verstanden und entschlüsselt werden können?

Nachfolgend ein humorvoller Werbetext, der für einen Aufputz der Lippen durch „Kussibussi" einen hochwirkungsvollen Lippenstift wirbt. Die einzelnen Zeilen sollten wir sehr lippenbetont sprechen und bei der Gestaltung unsere Lippenexperimente einfließen lassen. Die Werbesituation wird sich sicher auch auf Armgebärden, Sitz- und Stehposition sowie verführerische Mimik mit entsprechendem Augenaufschlag auswirken.

KUSSIBUSSI (Werbespruch)[6)]

KUSSIBUSSI, der Stift des Jahres!
KUSSIBUSSI, für alle, die es allein nicht schaffen!
KUSSIBUSSI, in vier erregenden Farbtönen, zaubert Gefühl auf deine Lippen.
KUSSIBUSSI, dünn aufgetragen, wirkt stundenlang!
KUSSIBUSSI läßt den langweiligsten Typ zum aufregenden Erlebnis werden!
KUSSIBUSSI ist in und du nicht out!
KUSSIBUSSI, regelmäßig angewendet, läßt dich zum vollempfindenden Partner werden.
KUSSIBUSSI wirkt auch ohne Partner!
KUSSIBUSSI macht Mauerblümchen autonom!
KUSSIBUSSI mit der wilden Frische wissender Münder!

Unterrichtsskizzen zur Stimulation von Mimik und Körpersprache
Gemütsbewegungen und Affekte treten über Körpersprache und Stimme hervor und stimulieren insbesondere auch die Mimik als das Zentrum der Körpersprache. **Emotionen wie Trauer, Freude, Wut oder Verzweiflung entstehen in der Körpermitte, im Zwerchfell.** Bei Homer heißt es sehr anschaulich: „und er ergrimmte in seinem Zwerchfell." Bei dem Schauspieler Will Quadflieg können

---

[6)] Christine Nöstlinger, Das Sprachbastelbuch, Verlag Jugend und Volk, Wien

wir lesen: „Flüstern, Schreien, Lachen, und Weinen da ansetzen, wo es geboren wird, im Zwerchfell, zentral – in der Leibes- und Lebensmitte.“[7]

Die Gemütsbewegungen und Affekte drängen zu mimisch-gestischen sowie lautlichen Aktionen, in die auch sehr ausladende Körperbewegungen mit eingebunden sein können.

Die für die nachfolgenden Unterrichtsskizzen ausgewählten Texte sind verschiedenartig, haben jedoch eines gemeinsam: sie sind sehr affekt- und emotionsbeladen und stellen damit einen starken Stimulus für Mimik und Gebärde dar.

Für die erste sprachlich-mimische Aktion müssen Schimpf- und Streichelwörter gesammelt werden, als Material für die nachfolgende Schimpfonie und das Streichelkonzert, die zu einigen Experimenten im Bereich des mimischen, körpersprachlichen und stimmlichen Ausdrucks anregen.

Dem schließt sich ein Stück an mit Ausrufen, sogenannten Interjektionen, deren emotionale Interpretation freigestellt ist.

Im letzten Teil folgen zwei Sprechstücke, die sowohl den sprachlichen als auch den zeitlichen Ablauf genau vorschreiben. Damit besteht die Gefahr, daß der emotionale Ausdruck der Sprache in enger Verbindung mit der mimisch-körpersprachlichen Unterstützung geringer wird, weil sich zu viel Aufmerksamkeit auf die Präzision der rhythmischen Ausführung richtet.

Wir haben deshalb bewußt die metrisch freien Sprachgestalten vorweg angeboten, um bei ihrer Darstellung ein mimisch-gestisches sowie stimmliches Ausdruckspotential freizulegen, das dann in die Gestaltung der Sprechkomposition einfließen möge, so daß diese „lebendig im Ausdruck“ (Regieanweisung) gebracht werden kann.

Lernziele:
– Unterschiedliche emotionale Befindlichkeiten in ihren körpersprachlich mimischen sowie stimmlichen Ausdrucksweisen erproben
– Diese Erfahrung einfließen lassen in die Gestaltung einer Sprechkomposition, in der die Emotion der freudigen Überraschung vorherrschend ist.

Schimpfonie und Streichelkonzert[8]

Materialsammlung

Wir sammeln und notieren Ausdrücke, die wir sagen, wenn wir einer anderen Person gegenüber Wut, Ärger und Ablehnung empfinden wie:
„Du Depp, Du Narr…“

Geht uns die Phantasie aus, so können wir uns zu Neuschöpfungen durch das folgende „Neue Schimpfwörter ABC“ oder die „Schimpfonade“ anregen lassen.

---

[7] W. Quadflieg, Wir spielen immer, Frankfurt a. Main 1976, Seite 82
[8] W. Keller, Ludi musici 3, Sprachspiele, Boppard/Rhein, 1973, S. 21 entstammt die Idee für die Schimpfonie/Streichelkonzert

Das neue Schimpfwörter-ABC
von Käthe Recheis

Du abgetakelter Aprilscherz!
Du birnenköpfige Bohnenstange!
Du chronisches Chamäleon!
Du dusseliger Dinosaurier!
Du epochaler Eierkopf!
Du flatterhafter Fliegenfänger!
Du geigender Gurkenhammel!
Du hirnverbrannter Himmelsschlüssel!
Du irrsinniger Igelkaktus!
Du jaulender Junimops!
Du kümmerlicher Krötenschwanz!
Du liederliches Läusebein!
Du minimale Mammutmaus!
Du nachtwandelndes Nadelkissen!
Du obergescheite Ofenklappe!
Du patentierter Pinselwisch!
Du quabbelnde Quadratqualle!
Du rostiger Ritterzwerg!
Du salbungsvoller Sauerampfer!
Du schielender Schuhsohlennagel!
Du triefende Tränentonne!
Du unverschämtes Unkenauge!
Du verschnupftes Vollmondveilchen!
Du wimmernde Wickenblüte!
Du x-beliebiges X-Bein!
Du yberflüssiges Ypsilon!
Du zittriger Zebrastreifen!

Aus: Käthe Recheis, Das Sprachbastelbuch, Verlag Jugend und Volk, Wien

Schimpfonade
Hans Adolf Halbey

Du sechsmal ums Salzfaß gewickelter Heringsschwanz!
Du viermal im Mehlpott gepökelter Krengeldanz!
Kropfbeißer, Kratzknacker, du hinkende Maus!
Sumpfdotter, Putzklopper, du zwickende Laus!
'ne Heulbeule biste, verdrück dich mit Soße!
Und ich geb' dir Quark mit Musik auf die Hose!

Du Giftwanstfresser, ich puste dich weg!
Und ich hol' meinen Bruder, der spuckt mit Dreck…

Ihr Kinder, wir müssen nach Hause gehn!
Och, Mutti, wir spielen doch grad so schön.

Aus: Schmurgelstein so herzbetrunken, hrsg. von H. A. Halbey, München 1988, S. 159

Unsere eigene Wortsammlung oder Anleihen aus dem Schimpfwörter ABC oder der Schimpfonade geben uns nun Material für eine Schimfonie. Ebenso sammeln wir Wörter, die wir in Situationen der Freude, der Wohlgestimmtheit und der positiven Einstellung einer anderen Person gegenüber sagen würden. Damit schaffen wir uns den Gegenpol zur Schimfonie, nämlich das Streichelkonzert.

Streichelwörter ABC
von Chr. Schönherr

du allerliebstes Anemönchen
du beseeltes Butterblümchen
du charmanter Cherubim
du dusseliges Daunenfederchen
du erhabenes Engelchen
du funkelnder Freudenschein
du glitzerndes Grashälmchen
du heißgeliebtes Honigweibchen
du immergrünes I-Tüpfelchen
du jadefarbenes Juwel
du kunterbuntes Kinkerlitzchen
du lüsternes Liebchen
du mütterliches Mandelauge
du naseweises Nudelchen
du opalfarbenes Osterglöckchen
du pummeliges Pünktchen
du quicklebendiges Quellchen
du rühriges Rumpelstilzchen
du säuselnder Sonnenstrahl
du tanzendes Tautröpfchen
du ulkiges Ührchen
du verspieltes Vögelchen
du wonniges Wuschelköpfchen
du xanthippisches Xylophönchen
du yoldische Yuccablume
du zerbrechliches Zittergräschen

Ausführung

Im Kreise sitzend oder durch den Raum gehend, kann unsere Schimpfonie nun stattfinden. Mit abweisender Zielgerichtetheit, die sich in Mimik, Gestik und in der Stimme widerspiegelt, werden wir uns die Worte entgegenschleudern. Wir erleben, wie wir von Kopf bis Fuß in dieses Ereignis eingespannt sind, wie Schärfe in die Stimme und Präzision in die Artikulation kommen, eine gespannte Gesichtsmuskulatur zu abweisender Mimik führt und unsere Gebärden abrupt und hart sind.

Welche Gegensätze tun sich da im Streichelkonzert auf! Unsere Körperbewegung wird weich und fließend, Gesichts- und Körpermuskeln entspannen sich, währenddessen wir uns auf zärtliche Weise alle Liebenswürdigkeiten dieser Welt sagen wie „Häsilein, Schnucki-Putzi…"

Die Arbeit in Gegensätzen läßt uns die stimmlichen sowie körpersprachlichen Unterschiede besonders deutlich erfahren bis hinein in muskuläre Spannungsunterschiede. Das folgende Experiment kann uns zu weiteren Beobachtungen und Erkenntnissen verhelfen.

Schimpfonie und Streichelkonzert im Wechselspiel

Wir beginnen nun die Schimpfonie und das Streichelkonzert zu vermischen. Auf ein aggressiv gesprochenes „Du Narr" wird ein hingebungsvolles „Liebling" gehaucht. Das Sprichwort „Wie du in den Wald rufst, so schallt es zurück" trifft in unserer Situation also nicht zu. Wie sind die Empfindungen des Sprechers, der den Schimphoniepart spielt, wenn sein Angriff auf entgegengesetzte Art und Weise beantwortet wird? Nimmt er von der liebevollen Emotion seines Gegenübers etwas auf, oder versteift er sich um so stärker auf seine Gefühlsposition?

Schimpfwörter á la Streichelkonzert – Streichelwörter à la Schimpfonie

Ein nächstes Experiment könnte sich anschließen, bei dem wir versuchen, Schimpfwörter mit Streichelabsichten und Streichelwörter in aggressivem Tonfall zu sprechen. Die Bedeutung des Wortes, die Semantik, tritt dabei in den Hintergrund, die sprachliche Verlautbarung ist nicht mehr maßgeblich, sondern Körpersprache und Stimmgebung (Lautstärke, Sprachmelodie, Artikulation) enthalten die eigentliche Aussage. Wort- und körpersprachlicher Ausdruck stimmen also nicht überein. Es wird niemanden in Wut versetzen, wenn sein Gegenüber ihn mit liebevollem Gesichtsausdruck und mit weit ausgebreiteten Armen auf ihn zugehend als „Schaf" bezeichnet. Auf ein wutschnaubend

herausgezischtes „Schatzi" wird keine zärtliche Reaktion des Adressaten erfolgen.

Auf unser „Verwirrspiel" trifft das Sprichwort zu „Der Ton macht die Musik". Wir könnten das Sprichwort noch durch den Begriff der Körpersprache erweitern, so daß es dann hieße: „Körpersprachlicher Ausdruck und die damit im Wechselspiel stehende Stimmgebung machen die Musik". Sie enthalten die entscheidenden Botschaften, durch die sogar die inhaltliche Aussage des Wortes bedeutungslos werden kann.

Interjektionen[9]

Eine Etüde emotionaler Kurz-Impulse

Das nachfolgende Stück „Interjektionen" könnte sich gut an unsere Experimente mit dem Streichelkonzert und der Schimphonie anschließen. Queneau verzichtet in den „Interjektionen" auf Worte mit eindeutiger Semantik und wählt statt dessen kurze, im Hinblick auf ihre emotionale Aussage mehrdeutige Ausrufe.

---

[9] Raymond Queneau: Stilübungen, Suhrkamp Verlag, Frankfurt/M., 1961 (1989)

Interjektionen

Pst! he! ah! oh! hm! ah! uff! eh! nanu! oh! bah! puh! hui! uh! ei! eh! na! ha! pah! nanu! eh! bah! oh! he! naja!

Diese kleine Etüde der Kurz-Impulse verlangt Reaktionsbereitschaft für einen schnellen Wechsel unterschiedlicher emotionaler Befindlichkeiten, die sich in der Stimme, in der Mimik wie auch im Körper widerspiegeln. Ist das erste „Pst" noch tastend gesprochen, kann das folgende „he" bereits eine gewisse Schärfe haben, dem ein völlig überraschtes „ah" folgt.

Gerade weil die Ausrufe so kurz und im emotionalen Ausdruck wechselnd sind, ist eine mimisch-gestische Unterstützung von entscheidender Bedeutung für die Wirkung und das Verständnis des Gesagten.

Fragen der Besetzung und Möglichkeiten der Erweiterung

Wir können verschiedene Besetzungsmöglichkeiten und Situationen überlegen, in denen das Stück „Interjektionen" stattfindet. Wenn es von einer Person gespielt wird, ist es wichtig, daß diese sich nicht in solistischer Selbstbespiegelung verliert, sondern alle körpersprachlichen und lautlichen Aktionen umweltbezogen und partnerorientiert ausgerichtet sind. Ein solcher Partner könnte auch eine vorgestellte Person am anderen Ende der Telefonleitung sein. Ebenso wäre eine Zweipersonenbesetzung denkbar, bei der das Stück durch eigene, spontan erfolgende Interjektionen erweitert werden könnte. Schließlich wäre auch ein improvisiertes Weiterführen der Ausrufe denkbar wie „Pst, höre zu" oder „He, paß doch auf".

Abschließend soll eine Aufklärung zu dem Stück „Interjektionen" erfolgen. Es ist eine der vielen Verwandlungen eines Ausgangstextes, der folgenden Vorfall beschreibt:

Im Omnibus der Linie S, zur Hauptverkehrszeit. Ein Kerl von etwa sechsundzwanzig Jahren, weicher Hut mit Kordel anstelle des Bandes, zu langer Hals, als hätte man daran gezogen. Leute steigen aus. Der in Frage stehende Kerl ist über seinen Nachbarn erbost. Er wirft ihm vor, ihn jedesmal, wenn jemand vorbeikommt, anzurempeln. Weinerlicher Ton, der bösartig klingen soll. Als er einen leeren Platz sieht, stürzt er sich drauf.

Zwei Stunden später sehe ich ihn an der Cour de Rome, vor der Gare Saint-Lazare, wieder. Er ist mit einem Kameraden zusammen, der zu ihm sagt: „Du solltest dir noch einen Knopf an deinen Überzieher nähen lassen." Er zeigt ihm wo (am Ausschnitt) und warum.

Queneau verwandelt diese Begebenheit beispielsweise in einen Text, der mit „Traum" überschrieben ist. Da heißt es: „Mir schien, als sei alles neblig und perlmuttern um mich her, ich nahm zahllose undeutliche Wesen wahr, unter denen sich indes die Gestalt eines jungen Mannes abzeichnete, dessen langer Hals allein schon den zugleich feigen und widerspenstigen Charakter der Person anzuzeigen schien…"

Neben weiteren Metamorphosen findet sich auch eine lautmalerische Version des Ausgangstextes, die folgendermaßen beginnt:

„Es war um Mitternacht bimbambum, bimbambum, auf der Plattform, pla, pla, pla, eines Omnibusses, töff, töff, töff, der Linie S…"

Der Kurzfassung „Interjektionen" kommt die Verwandlung des Textes in ein Haiku, eine japanische Gedichtform, nahe:

>S und langer Hals
>Fußtritt Schrei und Rückzug
>Bahnhof Knopf Begegnung.

Widewitt komm doch mit – Geh da weg aus dem Dreck

Unser freigelegtes mimisch-gestisch und stimmliches Ausdruckspotential lassen wir nun einfließen in zwei kurze Sprechübungen aus dem Orff-Schulwerk.[10] Bei ihnen ist wie auch bei dem nachfolgenden längeren Sprechstück der Sprechrhythmus vorgegeben.

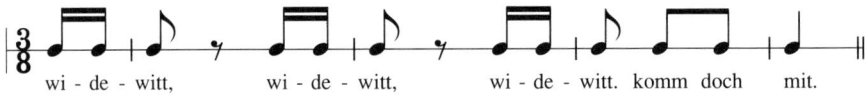

wi - de - witt, wi - de - witt, wi - de - witt. komm doch mit.

Freundlicher Gesichtsausdruck, Offenheit in der Körperhaltung, eine heranwinkende Gestik, die etwas verführerisch sein kann, werden durch die erste Sprechübung hervorgelockt.

Geh da weg, geh da weg, geh da weg aus dem Dreck, sagt der Zeck zum Weg - schneck.

Abblockende Armgebärde, abweisende, verschlossene Mimik gehen einher mit der zweiten Sprechübung.

Unterschiedliche Besetzungen bieten sich zur Ausführung an: zu Paaren, ein Solist gegen eine Gruppe, zwei Gruppen einander gegenüber. Wie auch immer diese kleine Studie ausgeführt wird, ist es wichtig, daß der körpersprachlich-mimische Ausdruck dem Bemühen, die sprechrhythmische Vorlage genau zu realisieren, nicht zum Opfer fällt.

---

[10] Mit Genehmigung des Verlages B. Schott's Söhne, Mainz aus: C. Orff – G. Keetmann, Musik für Kinder, Band 1, Mainz 1955, S. 77

Überraschender Besuch[11]

Vorbereitet durch die beiden rhythmisch festgelegten Sprechübungen wenden wir uns nun einem längeren Sprechstück zu, dessen emotionale Aussage sehr eindeutig ist, nämlich die Freude über ein unerwartetes Wiedersehen.

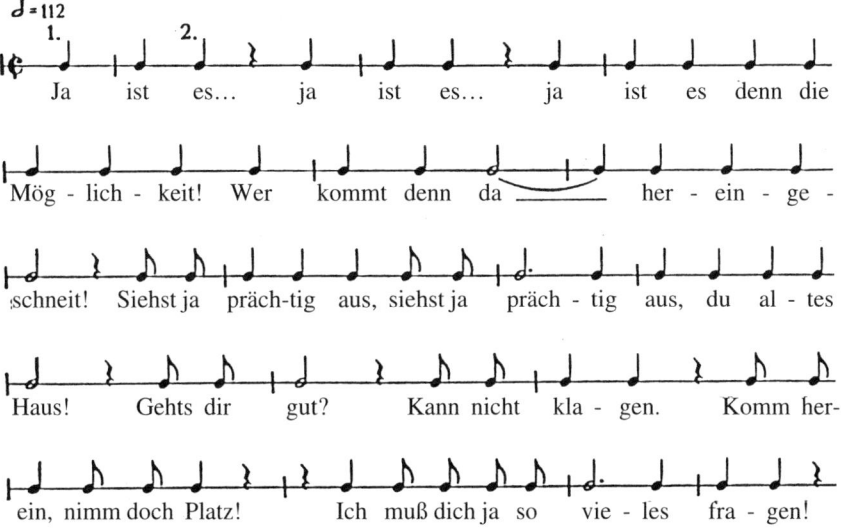

(Sprechkanon nacheinander schließen. Lebendig im Ausdruck!)

Das ausdrucksvolle, von Körpersprache unterstützte Sprechen des Stückes wird besser gelingen, wenn wir den Text erstmal unrhythmisiert, also in dem uns vertrauten Sprechduktus ausprobieren. „Ja ist es, ja ist es, ja ist es denn die Möglichkeit…" Ausgebreitete Arme, ein Reiben der Hände, ein Freudenklatscher, ein Klopfen auf die Schulter des unerwarteten Besuchers bei „Siehst ja prächtig aus…" wären alles mögliche körpersprachliche Zeichen der Freude, die einhergehen könnten mit freudigem Ausdruck der Augen, einer lachenden Mundpartie und einem hellen Stimmklang. Stimmliche und körpersprachliche Signale der Freude dürfen nicht reduziert werden, wenn der Text nun in dem vorgegebenen Rhythmus gesprochen wird.

Sind wir sicher in der rhythmischen Ausführung des Kanons, so machen wir vielleicht die Erfahrung, daß das Sprechen im Rhythmus die emotionale Aussage noch intensivieren kann.

---

[11] Heinz Benker, Mit Auftakt hebt die Sache an, Max Hieber Verlag, München 1985, S. 12

Nun gilt es, die einstimmige Ausführung des Sprechstückes in die kanonische Sprechweise weiterzuführen.

Die schnelle Aufeinanderfolge von freudigen Ausrufen und Wortfetzen beim Kanonsprechen hat Anklänge an reale Situationen, in denen der Überschwang der Freude ein genaues Aufeinander-Hören gar nicht zuläßt.

Jeremiade[12]

Den emotionalen Gegensatz verlangt uns H. Benkers Sprechkanon „Jeremiade" ab.

Freies Durcheinanderjammern

Wir steigen nicht über das Notenbild ein, sondern lassen die notierten, lautmalerischen Worte der Jeremiade in freier Reihenfolge durcheinander ertönen.

ojé   Auweh   Krächz

Seufz   stöhn   Keuch ojé

Auweh   Krächz

Gesenkter Kopf, hängende Schultern, nach unten zeigende Mundwinkel, gesenkte Augenlider verbinden sich mit einem jammernden Tonfall, dessen Sprachmelodieverlauf immer wieder nach unten ziehende Tendenz hat. Atemseufzer, die im Zwerchfell ansetzen, runden die Jeremiade ab. Allmählich lassen wir die Jammerworte in den vorgegebenen rhythmischen Ablauf einfließen, bis wir immer sicherer werden im Wechsel der Notenwerte und Einhalten der Jammerpausen.

---

[12] H. Benker, a. a. O., S. 10

Jeremiade

(Kanon in 2 Taktarten); im Jammerton

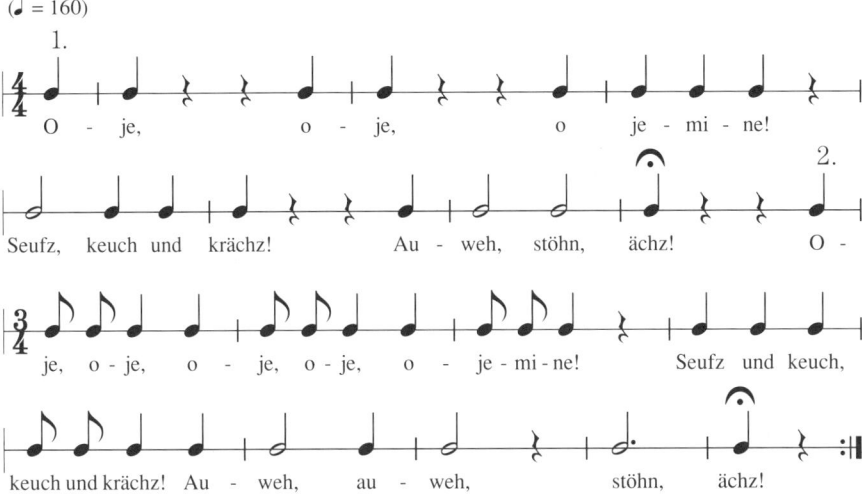

($\downarrow$ = 160)

1.

O - je, o - je, o je - mi - ne!

Seufz, keuch und krächz! Au - weh, stöhn, ächz! O -

2.

je, o - je, o - je, o - je, o - je - mi - ne! Seufz und keuch,

keuch und krächz! Au - weh, au - weh, stöhn, ächz!

(Beim ersten Mal nahezu im Rezitationston, beim zweiten Mal mit ausgeprägter Sprachmelodie)

Emotionale Wechselbäder

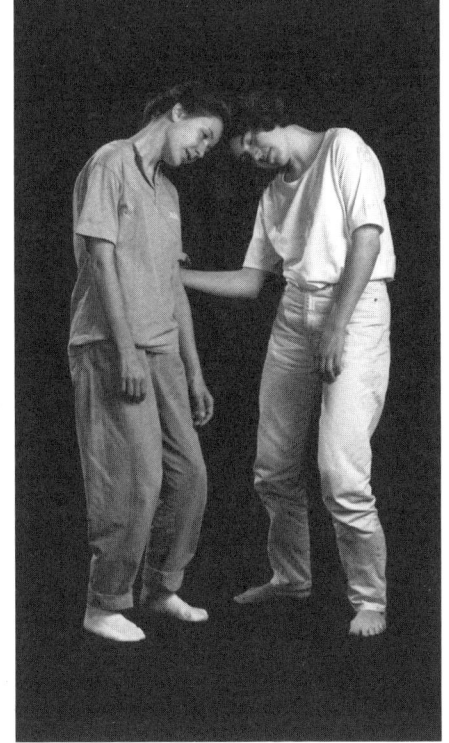

Als Übung für eine schnelle mimische und körpersprachlich-stimmliche Reaktionsbereitschaft, sei der Versuch empfohlen, kurze Teile aus den beiden Sprechstücken miteinander abwechseln zu lassen. Dies erfordert von uns, daß wir schnell von Kopf bis Fuß in die erforderliche Rolle, die freudige oder die verzweifelte schlüpfen.

Wir wollen dieses Kapitel mit einer Steigerung der Emotion Freude beschließen und uns dafür einem Sprachspiel von W. Keller zuwenden.

Play Lach

Rollenvergabe

Es besteht aus Lauten von unterschiedlicher Vokalfärbung, womit es verschiedenen phonetischen Möglichkeiten des Lachens gerecht wird. Alle Silben haben ihren Entstehungsort in der Körpermitte, sie sind also sehr zwerchfellaktivierend.

PLAY-LACH[13]
(Für Lachchor und Soli ad libitum)　　　　　　　　　　　　Wilhelm Keller

Haha! Hehe! Hihi! Hoho!

hahahaha! Hehehehe! Hihihihi! Hohohoho!

Ha, haha, hahaha, hahahaha, hahahahahahahahahahahahahahahahaha!

Hehehehehehehehehehehehehehehehe! Hehehehe, hehehe, hehe, he!

Hi, hihi, hihihi, hihihihi, hihihihihihihihihihihihihihihihihihihi!

Hohohohohohohohohohohohohohohohoh! Hohohoho, hohoho, hoho, ho!

Haha　　　　　　　　　　hahaaaaaaa!　　Hahahahaaaaaaaaaaaaaaaaaa!
　　hehe　　　　　　hehe　　　　　　　　hehehehehееееееееееееееееее!
　　　hihi　　　　　hihi　　　　　　　　hihihihiiiiiiiiiiiiiiiiiii!
　　　　hohoooo! Hoho　　　　　　　　　hohohohooooooooooooooooo　ooooooooooo

HiiiiiiiiiiiiiiiiiiiHihihihihihihihihihihihihihihihihihiiiiiiiiiiiiiiiii
　　　　　　　　Eeeeeeeeeeeeeeeeeeelelehehehehehehehehehehehehehehehe!
　　　　　　　　　　　　　Ooooooooooooooolohohohohoohohohohoho!
　　　　　　　　　　　　　　　　Aaaaaaaaaaaaaaaaaalla

　　　　　　ha!　　　　　he!　　　　hi!　　　　　　　Hi
　　　　ha　　　　　he　　　　　hi　　　　　　　　　　hi
　Ha　　　　　　He　　　　　Hi　　　　　　　　　　　　hi
　　　　　　　　　　　　　　　　　　Ho　ho　ho!　　　　　he
　　　　　　　　　　　　　　　　　　　　　　　　　　　　he
　　　　　　　　　　　　　　　　　　　　　　　　　　　　　he
　　　　　　　　　　　　　　　　　　　　　　　　　　　　　　ha
　　　　　　　　　　　　　　　　　　　　　　　　　　　　　　　ha
　　　　　　　　　　　　　　　　　　　　　　　　　　　　　　　　ho
　　　　　　　　　　　　　　　　　　　　　　　　　　　　　　　　　ho
　　　　　　　　　　　　　　　　　　　　　　　　　　　　　　　　　　ho!

　　　　　　　Hi!

　　　　　He!

　　　Hahahaha!

　　　　　　　　Hohohohohohoh!

　　　　　　　　　　　　　　　　　Hahaha

　　　　　　　　　　　　　　　　　Hi

　　　　　　　　　　　　　Hahahah　　　　　　　　　　　　　　　Haha!
Hihihihihihihi!　　　　　　　Hehehehe　　　Hoho　　Hehehehehen!
　　　　　　　　　　　　　　　　　　　　　　　　Hihihihi
　　　　　　　　　　　　　　　　　　　　　　Haha
　　　　　　　　　　　　　　　　　　　　　　　Hohohoho

　　　　　Hehehe!

　　　　　　　　　　　Haha!

___

[13] aus: Wilhelm Keller, LUDI MUSICI, Band 3 Sprachspiele. Fidula-Verlag Boppard/Rhein und Salzburg.

　　　　　　　　　　　　　　　　　　　　　　Ho!

Nach einer anfänglichen Probierphase, bei der alle das ganze Stück „lachen" könnten, werden sich Vorlieben für gewisse Lachlaute herausstellen, so daß sich eine Ha, eine He, eine Hi, eine Ho Lachgruppe zusammenfindet. Sonor klingende Buben- oder Männerstimmen sind für den Ho-Part sicher besonders geeignet.

„ad libitum"
Aus Kellers Anweisung „Für Lachchor und Soli ad libitum" sollte uns das „ad libitum" zu freiem Experimentieren anregen.
So könnte das Stück in Choraufstellung mit ernster Sängermiene und in korrekter Sängerhaltung unter der Leitung eines „Lach-Chor-Dirigenten" beginnen. Diese „akademische Chor-Ouvertüre" könnte sich dann in der dritten Zeile bei der langen, schier unzählbaren Hahahaha-Reihe in ein herzliches Lachen auflösen, bei dem sich Körpersprache und Mimik hinzugesellen. Krümmt sich der eine „Lach-Sänger" vor Lachen, so hält sich ein anderer den Bauch, und ein dritter schlägt sich während des Lachens auf die Oberschenkel, den individuellen körpersprachlichen Begleiterscheinungen mit dazugehörigen mimischen Lachfalten sind keine Grenzen gesetzt.
Treten Ermüdungserscheinungen im Zwerchfell ein, dem Entstehungsort des Lachens, so darf sicher der Kürzungsstift an das Stück angelegt werden, eingedenk der Worte des Regisseurs Fritz Kortner:
„Wat jestrichen is, kann bei der Aufführung nich durchfall'n."

3.2 Gestik und Gebärdenspiel (Finger – Hände – Arme)

Unter Gestik oder Gebärdenspiel –„Gebärde" vom althochdeutschen „gibaren" = sich benehmen – wird die Ausdrucksbewegung von Fingern, Händen und Armen verstanden, in die die jeweils dazugehörende Bewegung von Hals, Kopf und Rumpf miteingeschlossen ist.

Die Dominanz der Bewegung kann von Fall zu Fall in den Fingern, in der Hand bzw. in den Händen, oder im Arm bzw. in beiden Armen liegen.

Die Gestik umfaßt das ganze pantomimische Ausdruckspotential. Die umfassende Gesamtbefindlichkeit eines Menschen kann also in der Gebärde zum Ausdruck gebracht werden.
Der Mensch besitzt zu jeder Zeit – im wachen oder schlafenden Zustand – einen *Ausdruck,* der in verschiedenen Erscheinungen zu Tage treten kann:
1. Als vegetative Ausdruckserscheinung: Schwitzen, Speichelfluß, Tränen, Erröten, Erblassen, Gänsehaut, Zittern und Zucken;
2. als unwillkürliche und willkürliche Ausdrucksbewegung in Gestik und Mimik sowie in der Körperbewegung;
3. in der Sprechweise (Umgangssprache) und

4. in der Gestaltung von Werken, sei es in der Bildenden Kunst, innerhalb der Sprache: in Poesie und Prosa, in Musik als Gesang und Instrumentalmusik oder beides verbunden, und im Tanz.

Vegetative Ausdruckserscheinung und Ausdrucksbewegungen bringen die momentane Gesamtbefindlichkeit des Menschen echt und unverfälscht zum Ausdruck, was für den kommunizierenden Mitmenschen mehr oder minder bedeutsam werden kann; denn diese können das Gesprochene berichtigen, betonen, abschwächen oder neutralisieren.

Gestische Bewegungen, Gebärden haben zwei bestimmende Elemente: das intentionale und das affektive.

Bei Zweckhandlungen steht das Intentionale im Vordergrund. Es ist zielgerichtet und bestimmt die Bewegungsform. Beispiel: Ich greife mit beiden Händen nach einer Schale auf dem Schrank. **Wie** ich nach der Schale greife, freudig oder hastig, zögernd oder bestimmt, zeigt das Affektive der Zweckhandlung. Das Tempo, die Dynamik, das Raumerfassende der Bewegung verbunden mit dem entsprechenden Mienenspiel zeigt den Gefühlsbereich, in dem sich diese Handlung vollzieht. „Das Intentionale ist auf die Außenwelt bezogen und gibt der Bewegung Richtung und äußere Form im Hinblick auf die reale Wirklichkeit. Der affektive Faktor beherrscht den dynamischen Verlauf, er treibt ihn hervor und bringt dadurch Stimmungslage oder Gemütserregung zur Äußerung."[14]

Bei sog. Ausdrucksbewegungen, z. B. bei Gebärden der Zärtlichkeit überwiegt der Affekt, die Gemütsbewegung; die Intention, also das „Zielgerichtetsein", fehlt fast ganz, zumindest wird sie kaum sichtbar. Sie wird oft durch sprachliche Mitteilung ersetzt.

Aus der Intention und dem Affektiven der Gebärde ergibt sich für den Beobachter oder Empfänger der Sinn des Ausgedrückten.

Der „Findegehalt" für den Empfänger wird im affektiven Bereich größer sein. Dies gilt vor allem bei Äußerungen vor Gefühlswallungen und Gefühlsausbrüchen. Bei affektgeladenen Zweckhandlungen erhöht sich der Findegehalt; er wird durch das intentionale Element genauer und schärfer.

Sprache oder Gesang werden durch Gebärden verdeutlicht und sichtbar gemacht. Gebärden unterstützen die stimmliche Verlautbarung. Im Gestus der Gebärde wirken dieselben Intentionen und Gefühle wie in der Melodiegestalt, der Klangfarbengestalt und in der Bewegungsgestalt der stimmlich-sprachlichen Äußerung. Sie stellen eine gestalterische Einheit dar und sollen als Ganzheit **beeindrucken** und **er-greifen**.

Welches gestische Material steht zur Verfügung, welche wesentlichen Gesten sind zu nennen und welchen Sinngehalt sehen wir in ihnen?

---

[14] Franz Kiener, Hand, Gebärde und Charakter, Ernst Reinhardt Verlag München, 1962, S. 129

Durch die Gelenke der Finger, der Hand, des Armes können wir jede Bewegungsrichtung innerhalb des Raumes anpeilen und ausführen. Wir sind in der Lage, im „Körperumkreis" gerade, weiche und wellenförmige Linien durchzuführen, diese Linien waagrecht, schräg, senkrecht, kurvig, um die Ecke zu führen. Mit den Händen und Fingern können wir tasten, greifen, halten, streicheln, stoßen, schieben, drehen, schlagen, drücken, hämmern, hacken, schieben, abwehren und angreifen.

Die aktive Gefühlsenergie mobilisiert die Art der Armbewegungen. Menschen in südlichen Regionen, z. B. im Mittelmeerraum, sprechen mit weit geöffneten Armen und lassen so ihre Gefühle zutage treten, während Mittel- und Nordeuropäer ihre Arme dicht am Körper halten, sie spärlich bewegen und damit ihre Gefühle hemmen, verbergen, ja unterdrücken. Unterarme und Hände übernehmen hier in abgeschwächter Form den Bewegungsausdruck, was für eine spontane Kontaktaufnahme erschwerend wirkt.

Arme und Hände geben Aufschluß über Ruhe oder Aktionsbereitschaft:
Habe ich im Stehen hängende Arme oder habe ich von einer kommenden Aktion „getragene" in „Hab-Acht-Stellung" gebrachte Arme? Lege ich meine Hände im Sitzen entspannt in den Schoß oder halte ich mich an der Stuhllehne fest? Stütze ich mich auf dem Sitz mit den Händen ab, um auf dem Sprung zu sein oder schützen meine Arme Kopf und Nacken?

Diese Gesten legen meine innere Verfaßtheit frei und sind bedeutsam als Ergänzung des Gesprochenen im Akt der Kommunikation. Zum umfassenden Verständnis muß der Partner hören **und** sehen.

Arme und Hände hinter dem Kopf verschränkt signalisieren Abstand vom derzeitigen Geschehen und zeigen eine gewisse Teilnahmslosigkeit oder Überheblichkeit.

Ein Verschränken der Arme vor der Brust deutet auf Gelassenheit gegenüber der gegenwärtigen Situation hin. Die Geste hat mehr defensiven Charakter, bedeutet Sperren der Aktivität und Festigung der eigenen Position.

Werden Arme nach rückwärts gezogen, wird der Rückzug vom eigenen Handeln eingeleitet und ein passives Gewährenlassen hingenommen.

Verstärkt kann dieser Ausdruck noch werden, indem eine Hand hinter dem Rücken die andere Hand „fesselt".

Diese Haltung bedeutet Befangenheit, vor allem wenn die Arme versteckt und verkrampft sind, sie kann aber auch passiv, zurückhaltend, besinnlich sein. Der richtige Sinngehalt muß dazu aus der entsprechenden Mimik und der evtl. verbalen Äußerung entnommen werden.

Eine typische Abwehr- und Schutzgeste sind plötzlich und ruckartig nach vorne oben gezogene Arme mit gespreizten Fingern, mit zurückgenommenem Oberkörper und eine nach rückwärts tendierende Beinbewegung.

Hände in der Tasche können zweierlei bedeuten: Einmal eine lässige Einstellung zur gegebenen Situation, die Gleichgültigkeit, ja Unhöflichkeit signalisiert, zum anderen zeigt abruptes Hineinstecken der Hände verbunden mit kräftiger Spannung in Arm- und Schulterpartie Widerspruch, Zorn noch dazu, wenn die Faust in der Tasche geballt wird.

Geballte Fäuste sind entweder Ausdruck von Aggression oder Wut, quasi als Waffe bereit, können aber auch Sammlung und Konzentration ausdrücken. Der jeweils mimische Ausdruck legt den speziellen Sinn frei.

Die Greifhand mit offenen, gebogenen, verkrampften Fingern wird als raffgieriger oder geiziger Ausdruck gewertet, der dementsprechend mimisch und verbal unterstrichen wird.

Die offene Hand (Handteller) zeigt die Innenfläche, den sensiblen Teil gegenüber dem Handrücken. Nach vorne gerichtet, signalisiert sie friedliche Gesinnung und legt Fakten offen; und nach **oben** vorne bietet sie Unterwerfung an (Hände hoch).

Die zudeckende Hand, den Handrücken dem Partner zugewandt, versucht etwas zu vertuschen, zu verheimlichen und läßt auf einen schwierigen Verhandlungspartner schließen.

„Nichts gibt mehr Ausdruck und Leben als die Bewegung der Hand; im Affekt besonders ist das sprechende Gesicht ohne sie unbedeutend." (G. F. Lessing). Gesten von einer Hand ausgeführt, können durch das Dazutun mit der anderen Hand verstärkt oder relativiert werden. Nicht umsonst spricht man von „sprechenden Händen".

Erhobene Hände sind eine sinngleiche Begleiterscheinung der erhabenen Stimme. Sie unterstützen das Gesprochene oder Gesungene in einer großen „Darbietungsgebärde". Redner oder Sänger unterstützen so ihr Pathos mit der dementsprechenden körpersprachlichen Geste. Darbietungsgesten können mit flacher, aufgestellter und erhobener Hand, zur weiteren Vertiefung des Ausdrucks beidhändig nach oben geöffnet, die eine Hand auf der anderen liegend, erfolgen. Dazu gehört auch das „Fingerrechnen". Der Redner unterstützt die Punkte seines Vortrags oder macht sonstwie Zahlen anschaulich:

Die Einladungsgebärde weist zuvorkommenden, verbindlichen Charakter auf, kann aber auch unterwürfig und heuchlerisch je nach dem dazukommenden mimischen Ausdruck sein.

Die erhobene Hand mit dem Zeigefinger auf dem Daumen signalisiert Eitelkeit und erwartet vom Partner äußerste Aufmerksamkeit.

Diese „Feinhalte": Zeigefinger auf dem Daumen, sieht man gelegentlich bei älteren Damen oder jungen Mädchen im Ergreifen von Kaffeetassen, Zuckerstückchen, eines feinen Tüchleins usw. als Pose des „Gepflegt- oder Feinseins".

Die Gesten bzw. Gebärden werden von den Fingern in ihrer jeweiligen Bedeutung präzisiert und abgerundet.

Der Daumen ist besonders bedeutsam. Nach oben gestellt, bedeutete er in der römischen Arena: Leben, und nach unten gestellt: Tod für die besiegten Gladiatoren. Auch jetzt noch sagt der nach oben gestellte Daumen das o.k., ein kräftiges Bejahen der betreffenden Sache oder Angelegenheit.

Der Daumen wird oft als Richtungsweiser, besonders von Anhaltern verwendet, hinter den Hosenträgern zeigt er Selbstgefälligkeit. Das nervöse Daumenspiel bei verschränkten Fingern weist auf Unruhe und die hinter den Fingern versteckten Daumen auf Verschlossenheit hin.

Wenn auch der Daumen, schon aufgrund seiner isolierten Stellung im Handgefüge eine gewisse Dominanz signalisiert, so ist der Zeigefinger der sensibelste und bedeutendste unter den fünf Fingern.

Er weist hin, zeigt die Richtung an, er droht, an den Mund geführt, fordert er zum Schweigen auf und vielleicht mit Hilfe des Daumens Kugelschreiber oder Brille haltend demonstriert er das eben Gesagte und gibt damit diesem Gesagten mehr Gewicht. Menschen mit erhobenem Zeigefinger wirken belehrend, schulmeisterlich.

Der Mittelfinger, isoliert verwendet, war schon im Altertum eine obszöne Geste.

Der Ringfinger spielt als „Gefühlsfinger" in der Gebärdensprache eine passive Rolle und wird meist zusammen mit Zeige- und Mittelfinger eingesetzt.

Der kleine Finger fungiert oft selbständig, bewegt sich bei Nervosität hin und her und fungiert quasi als „Gesellschaftsfinger" von der übrigen Hand abgesetzt als Zeichen von Geziertheit und Affektiertheit. Er gehört als von der Hand abgesetzt zur Pose des „Gepflegtseins" (siehe Pose der „Feinhalte").

Das verschiedenartige Berühren der Hände und Finger von Kopf oder Gesicht erhält seinen Sinn durch die Art, wie Hände bzw. Finger bestimmte Kopf- bzw. Gesichtsteile anfassen oder berühren.

Läßt mich z. B. meine Intelligenz im Stich, greife ich mir an den Kopf oder schlage mich an die Stirn.

Der Verstandesträger Kopf wird quasi körperlich zur Rechenschaft gezogen.

Eine Reaktion von Selbstbestrafung ist auch das Raufen der eigenen Haare. Sie kann aus Wut oder Schmerz erfolgen und zeugt von einer ungezügelten und von Affekten geladenen Natur.

Gebärden der Selbstzüchtigung waren in Trauerklagen bei alten Völkern mit eingebunden. U.a. zeigt dies ein altägyptisches Klagelied:

> „Für dich bewegen sich die Seelen von Pe,
> für dich schlagen sie ihre Brust,
> für dich klatschen sie in ihre Hände,
> für dich raufen sie ihre Haare,
> für dich klopfen sie ihre Oberschenkel."[15]

---

[15] Franz Kiener, a. a. O., S. 240

Eine weitere Gruppe von Gesten ist das Streichen über das Haar, das Kratzen am Kopf und das Nesteln an der Kleidung, z. B. an Kragen und Krawatte. Sie können Zeichen von Verlegenheit, Nervosität, von geistiger Abwesenheit, aber auch von sog. „Leerlaufbewegungen" sein, d. h. Bewegungen, die eine Bereitschaftsspannung überbrücken (s. S. 68, der dürre Hofrat).

Zu solchen Leerlaufbewegungen gehören das „An der Nase zupfen", das „Nasenbohren" und der „Kau- bzw. Lutschfinger".

Mit den Gebärden von Fingern, Händen und Armen sind immer mehr oder minder stark Brust, Hals und Kopf beteiligt.

Sie sind nicht nur Anlaufstelle von Gebärden, von wo sie vielfach ihre Bedeutung bekommen, sie können selbst über die augenblickliche Situation des Menschen Einiges aussagen, ja, sie drücken selbst durch ihre Haltung etwas aus.

Im Brustkorb liegen die Kraftquellen unseres Organismus, Herz und Lungen. „Das Zusammenwirken dieser beiden Triebwerke schenkt uns Aktivität, Vitalität, Lebenskraft."[16]

Man atmet gelassen ein und legt – vielleicht noch mit geschwellter Brust – mit der Rede los, oder: Man atmet kurz ein und läßt die Luft sofort wieder aus, stottert oder schweigt. Das sind die beiden Gegensätze, die sich in der Erscheinungsform auf Arme, Hände und Finger auswirken; denn ihre Beweglichkeit und Agilität geht von der Brust aus. „Von der aktiven Fähigkeit der Brust hängt auch die Kraft und Vitalität unserer wichtigsten Werkzeuge ab, der Arme und Hände."[17]

Herausgestreckte Brust bedeutet bei Männern Imponiergehabe, die hochgetragene Brust bei Frauen „ein Versprechen erotischer Aktivität" (Samy Molcho). Eine Einstellung dieser physischen Haltung würde auch eine Normalisierung der psychischen Haltung dieses Menschen bedeuten.

Der Kopf trägt alle Sinne **und** das Gehirn, das Speicher von Wahrnehmungs- und Denkprozessen ist. Die Wendefähigkeit des Kopfes hängt von der Gelenkigkeit des Hales ab, der den Kopf in jede Richtung, aus der Information kommen kann, bringt. **Kopf und Hals bilden bewegungsmäßig eine Einheit.** Halsbewegungen richten den Kopf nicht nur nach Informationsquellen hin aus, sie können auch Kopfbewegungen auslösen, die dem Mitmenschen wichtige visuelle Signale über eigene „Verfaßtheiten" vermitteln! „Die komplexe Muskulatur des menschlichen Halses verleiht unseren Köpfen eine beträchtliche Beweglichkeit. Wir können den Hals biegen, strecken, verrenken, verdrehen und neigen, und das auf so viele Arten, daß wir in fast jede Richtung blicken können, ohne unbedingt den übrigen Körper bewegen zu müssen."[18]

---

[16] Samy Molcho, Körpersprache, Mosaik Verlag, 1983
[17] Samy Molcho, a. a. O., S. 110
[18] Desmond Morris, Körpersignale, Wilhelm Heyne Verlag München, 1986, S. 124

Der Kopf dreht sich, um etwas zu sehen, er wird schief in Richtung einer Hörquelle gehalten, er neigt sich zu einer Blume, um daran zu riechen, oder zum Teller, um zu essen. Der Hals dreht den Kopf so, wie die Sinnesorgane im Kopf die betreffende Wahrnehmung am besten aufnehmen können.

Andererseits dienen Kopfnicken, Neigen des Hauptes oder Kopfschütteln nicht zur Aufnahme von Sinneseindrücken, sondern zur Vermittlung von ganz bestimmten Signalen an die Mitmenschen, die gleichzeitig etwas von der Verfaßtheit des Ausführenden wiedergeben. Es gibt etwa zwanzig Signale, wie Hochwerfen des Kopfes, Kopfschütteln, Kopfdrehen, Kopfwackeln, Winken mit dem Kopf, Wiegen des Kopfes, Zeigen mit dem Kopf, Abwenden, Vorstrecken, Beugen, Heben, Zurückziehen, Baumeln des Kopfes u. a. Sie sind alle mit einer Bedeutung verhaftet, die manchmal regional verschieden sein können.

Wie wichtig diese vielseitigen Hals-Bewegungen im Kommunikationsprozeß sind, erfährt man dann, wenn aus irgend einem Grund der Hals steif ist und für die visuelle Aussage ausfällt. Mimik und Gestik sind in Mitleidenschaft gezogen. Mit dem Hals ist das ganze körperliche Ausdruckspotential steif geworden.

Übungen

Bei der Durchführung der Schulung des Gebärdenspiels geht es nicht um eine systematische Erfassung der Ausdrucksmöglichkeiten von Fingern, Händen und Armen mit entsprechenden Kopf-Hals-Rumpfbewegungen, sondern um Darstellung von verschiedenen Gesamtbefindlichkeiten des Menschen durch Gebärden, in denen stimmlich-sprachliche „Urstoffe" mit eingebunden werden. Unter stimmlich-sprachlichen Urstoffen verstehen wir akuemisch gefärbte Vokale, Konsonanten, Interjektionen, Silben, Wörter und kleine Sätze.

Das Gebärdenspiel kann im Sitzen, Stehen oder Gehen erfolgen. Die Bedeutung und Ausdeutung der Art des Sitzens, Stehens oder Gehens wird in eigenen Kapiteln behandelt und wird in diesem Kapitel nicht oder nur zum Verständnis der jeweiligen Geste am Rande erwähnt.

1. Verschiedene Möglichkeiten von Gebärden mit Fingern, Händen und Armen, verbunden mit Kopf-, Hals- und Rumpfhaltungen bzw. -bewegungen finden und ihren Sinngehalt beschreiben und deuten.
- Eine(r) findet, die andern deuten.
2. Einfache zielgerichtete Handlungen durchführen, z. B. Türe öffnen – schließen,
Buch auf den Tisch legen,
Kleidungsstücke anziehen,
Süßigkeiten, Schirm oder Mantel wegnehmen
u. a. Handlungen finden.
Je eine Handlung wiederholen und, mit verschiedenen Affekten beladen, durch-

führen, z. B. einmal wütend, das andere Mal ruhig oder zögernd und dann energisch; dabei „sprachliche Urstoffe" akuemisch gefärbt miteinbauen.

3. Ausdruckshandlungen, verbunden mit sprachlich-akuemischen Äußerungen finden und spielen, z. B.

Situationen finden, wo man

sich an die Stirn schlägt;

sich die Haare rauft;

sich über die Haare, das Gesicht und über den Nacken streicht; sich das Gesicht, die Haare oder sonstwo kratzt; an der Kleidung: Kragen, Krawatte, Knopf, Hose nestelt.

Achte hier besonders auf die Einheit von Mimik, Gestik und stimmlichem Ausdruck!

4. Finde Ausdruckshandlungen im Sitzen, Stehen oder Gehen, z. B. Gebärden der Zärtlichkeit, der Anteilnahme, der Zuneigung, des Zorns, der Abneigung, der Zerstreutheit, des Staunes, der Verblüffung, dialogisch – also mit Partnern – angelegt und warte die Reaktion des Partners ab, um erneut mit einer Ausdrucksbewegung zu reagieren. Das Ganze kann zu einer kleinen Szene ausgebaut werden.

Die Stimme vertieft jeweils die Gebärde.

5. Suche möglichst viele Signale, die du mit dem Kopf (Hals und Rumpf eingeschlossen) alleine ausführen kannst.

6. Zwei kurze dialogische Szenen nach Carl-Ludwig Reichert und Michael Fruth: „Nixn"[19] gestalten:

1. Szene: Begegnung auf der Straße:

1. Person: wos hosdn

2. Person: nix

1. Person: freile hosd wos

2. Person: na

1. Person: gwiis ned

2. Person: naa

1. Person: oiso nacha

2. Szene: Unterhaltung am Tisch: Gespräch erfinden, das dann diesen Ausklang findet:

1. Person: fia wosn?

2. Person: najaa

1. Person: fia nix?

2. Person: nannaa

1. Person: fia nix un wida nix?

2. Person: jamei

---

[19] aus Bayerisches Lesebuch, Piper, München 1971, S. 408

44

7. „Das Hemmed" von Christian Morgenstern[20] für Sprecher und Gruppe gestalten:

1. Sprecher: Kennst du das einsame Hemmed?

Gruppe: Flattertata, flattertata

2. Sprecher: Der trug es baß verdämmet!

Gruppe: Flattertata, flattertata

3. Sprecher: Es knattert und flattert im Winde.

Gruppe: Windurudei, windurudei

4. Sprecher: Es weint wie ein kleines Kind.

Gruppe: Windurudei, windurudei

1.–4. Sprecher: Das ist das einsame Hemmed.

8. Folgende Sätze körpersprachlich und stimmlich-sprachlich darstellen:

– Ich habe mich entschieden, dabei bleibts.

– Es wird schon wieder gut werden.

– Langsam, langsam, laß dir Zeit!

– Ich möchte das so und nicht anders haben.

– Ich bin sehr müde, laß mich in Ruhe (mit deinem Gerede/Geschwätz)!

– Sag endlich, was soll ich tun?

– Bleib mir vom Leib!

– Entschuldige, das war nicht meine Schuld.

– Tempo, Tempo, vorwärts, ich hab's eilig!

– Ich hab dich sehr gern (lieb), weißt du das?

– Nimm dich in acht vor dem Hund!

– Sei nett zu ihr (ihm)!

Nach jedem körpersprachlich und stimmlich gestaltetem Satz Versuch, eine körpersprachliche und stimmliche Beurteilung vorzunehmen. (Siehe auch Kapitel 2: Beobachtungs- und Beurteilungskriterien S. 7)

9. Partnerübung: Im Mittelpunkt steht der Satz: „Komm her zu mir!"

Der Satz wird mit verschiedenen Affekten „geladen": Einmal zärtlich, dann nüchtern, sachlich, dann zornig, dann herrisch usw.

Der Partner reagiert auf verschiedene Weise: den Wunsch zögernd, zärtlich, unbeherrscht schnell, leidenschaftlich oder steif und starr erfüllend. Er kann sich auch auf verschiedene Weise abwenden: zögernd, hastig oder fluchtartig.

Unterrichtsskizzen zu Gebärdensprache und Sprechen

Da wir Mittel- und Nordeuropäer eher eine spärliche Gebärdensprache „sprechen", haben wir für die Unterrichtsskizzen Sprechvorlagen gewählt, die eine Finger-, Hand- und Armbewegung geradezu hervorlocken.

---

[20] aus Bayerisches Lesebuch, Piper, München 1971, S. 199

Im Kindesalter waren es die Fingerspiele, bei denen wir sprachlichen Ausdruck in Verbindung mit Fingerbewegungen übten. Dabei bekamen die Finger Aufgaben, die normalerweise von Menschen ausgeführt werden (das ist der Daumen, der schüttelt die Pflaumen, der hebt sie auf …). Die Finger stellten auch Tiere dar, konnten bemalt oder verkleidet werden. Spiele mit einer Lichtquelle und dem dabei entstehenden Schatten unterstützten die Verwandlung der Finger und Hände. Wir bieten in den Unterrichtsskizzen als erstes einen Spielablauf an, der mit Sprache verbunden ist und eine vorgeschriebene Armgebärde hat, nämlich die des Auszählens. Durch Variationen des ausgewählten Auszählreimes verändert sich auch die Auszählbewegung von Finger und Arm.

Bei einem weiteren Beispiel ist es die Vorstellung von einer Maschine, aus verschiedenen beweglichen Teilen zusammengesetzt, die uns hilft, beim Finden passender, abstrakter Bewegungsformen der Arme. Wir brauchen diese für die Gestaltung des Sprechkanons „Maschinenhalle" von Heinz Benker.

Wieder andersartige Bewegungsimpulse bewirkt das pantomimische Spiel auf vorgestellten Instrumenten, wie wir es für die Arbeit an dem Sprechstück „Gamelan" ebenfalls von Heinz Benker vorschlagen. Aus dem Instrumentalspiel heraus können sich Darbietungsgebärden entwickeln, die das Gesprochene unterstützen und verstärken. **Dabei wird deutlich, daß Gebärde und Sprache aus derselben Quelle gespeist werden, nämlich aus der Körpermitte, dem Sitz des Zwerchfells.** Im Zusammenhang damit steht der Atem, der ebenfalls eine wesentliche Basis für die Sprache sowie für die Armgebärde ist. „Die Geste muß einatmen und ausatmen, sonst trocknet sie aus wie eine Pflanze ohne Wasser", sagt Marcel Marceau. Die Erfahrung vertieft sich auch bei der Gestaltung eines Gedichtes von Eugen Gomringer und den vorgeschlagenen Übungen zur Einstimmung in dieses Gedicht.

Bei der Auswahl der Beispiele für die Unterrichtsskizzen wurden auch sprachliche Vorlagen miteinbezogen, durch die eine Dominanz der Bewegung auf Finger und Hände gelegt ist. („Sprechende Hände", eine Hand-Geschichte, „Hands", ein Gedicht). Das amerikanische Rhythmus-Sprechspiel „Who stoole the cookies" lockt alltägliche Gebärden hervor (auf jemanden zeigen und ihn damit beschuldigen, etwas von sich weisen, etwas mit Fragezeichen versehen), bei denen wiederum viel Ausdruck in den Händen aber auch im Mienenspiel liegt. Nicht alltäglich ist der metrisch gebundene Sprechablauf, der den Einsatz der Körpersprache in bestimmten Momenten verlangt.

Zielsetzungen
– Belebung der Ausdrucksbewegung von Fingern, Händen und Armen
– Differenzierung des körpersprachlichen Ausdruckpotentials
– Vertiefung der Erfahrung mit Alltagsgebärden im Gegensatz zu stilisierten und abstrakten gestischen Ausdrucksformen

– Erspüren des Ansatzes von Armgebärde und Lautgebung in der Körpermitte und in enger Verbindung mit dem Atemfluß.

Gestaltung eines Auszählverses

Eni beni suptraheni   Wilhelm Keller

eni beni suptraheni
divi davi domini
ecca brocca casanocca
zink zanki drauß.

Dies ist ein Auszählreim in sogenanntem Kauderwelsch, einer Sprache in Phantasielauten. Wollen wir der Intention des Reimes gerecht werden, nämlich dem Auszählen, so müssen wir das Sprechen mit einer Auszählbewegung verbinden, bei der der Zeigefinger, die Hand und der Arm beteiligt sind. In dem Moment, wo wir auf jemanden zeigen, nehmen wir für einen kurzen Moment, verbalen *und* körpersprachlichen Kontakt auf. Am besten probieren wir das in der Gruppe aus: Wir sprechen gemeinsam den Reim und zählen uns dabei gegenseitig aus. Danach übernehmen Einzelne die Auszählrolle und versuchen beim zweiten Mal das Sprechtempo und damit auch die Auszählbewegung zu variieren. Auf diese Weise sind wir für die nun folgenden Variationen eingestimmt, die Wilhelm Keller eingefallen sind[21].

Sprachliche Variationen
Wie verändert sich unsere Auszählgebärde, wenn der Reim folgendermaßen lautet?

en ben suptrahen
div dav dom
ecc brocc casanocc
zink zank drauß.

Unsere Körpersprache wird durch die sprachlichen Variationen sicherlich beeinflußt. Stehen hier Kürze und Prägnanz der Laute im Vordergrund, so dominieren bei der nächsten Variation die Vokale, die der Auszählbewegung eher fließenden Charakter geben werden.

ei bei sup
i, a, o!
ea oa asa noa
ini ani drauß.

---

[21] aus: Wilhelm Keller, LUDI MUSICI, Band 3, Sprachspiele, Fidula Verlag Boppard/Rhein und Salzburg

Leichtigkeit in der Sprache führt zu „Leichtarmigkeit" bei der Auszählbewegung. Lassen wir uns dazu durch die nächste Variante inspirieren.

enili benili suplitrahenili
divili davili dominili
eccali broccali casilanoccali
zinkili zankili drauß.

Aus der funktionellen Auszählbewegung sind durch die sprachlichen Variationen eine Art stilisierte Auszählgebärden geworden, in enger Verbindung zu den stimmlich-sprachlichen Äußerungen. Wenn wir bei den Auszählgebärden die Arme im Wechsel einsetzen, also nicht nur der rechte Arm aktiv ist, wie wir es vom Kinderspiel ‚Auszählen' kennen, so entwickeln sich fast tänzerische Bewegungen der Arme.

Maschinenhalle

Das Sprechstück mit dem Titel „Maschinenhalle" von Heinz Benker inspiriert zu Armbewegungen, die keine kommunikative Aussage enthalten. Damit vertiefen sich unsere bei den Variationen des Auszählreimes gemachten Erfahrungen mit abstrakt-tänzerischen Armgebärden. In Anlehnung an die Sprechlaute wird unsere gestische Körpersprache rhythmisch exakt und abgehackt sein und damit an maschinelle Bewegungen erinnern.

1. Einstiegsidee
Als Einstieg könnten wir ein Bild von Paul Klee betrachten. Es trägt den Namen „Zwitschermaschine"[22]
Wir sehen darauf keine

[22] Christian Geelhaar, Paul Klee, Leben und Werk, M. DuMont Verlag, Köln, 1974 (hier: Vereinfachte Darstellung von S. Meißner)

48

reale, sondern eine phantastische Maschine. Genau diese Vorstellung brauchen wir, wenn wir uns mit unserer Sprechlautmaschine beschäftigen wollen, die ebenfalls eine Phantasiemaschine ist.

2. Einstimmige Maschine

Sprachliche Grundlage sind vier verschiedene akustische Imitationen von Maschinengeräuschen.[23]

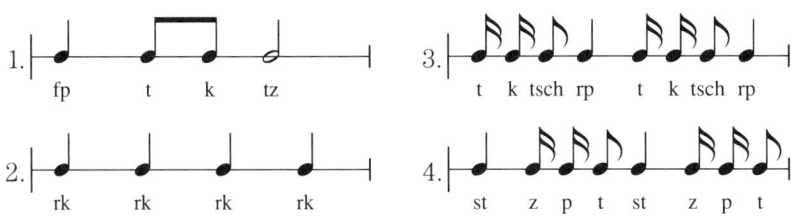

Wir sprechen zuerst die zweite Sprechmaschine – sie bildet die rhythmische Basis unseres Sprechstückes – und bewegen unsere Arme dazu, probieren verschiedene Möglichkeiten aus, um schließlich eine eigene Bewegungsidee festzulegen und diese synchron und exakt mit den Sprechlauten auszuführen. Jeder wird eine individuelle Armbewegung finden. So können wir bereits mit diesem Sprechteil eine einstimmige Maschine zusammenbauen.

Alle Maschinenteile klingen also gleich, die Armbewegungen werden gleichzeitig, jedoch in unterschiedlicher Ausführung, in verschiedenen Raumebenen stattfinden. Beim Aufbau der „RK-Maschine" werden einige Armbewegungen nach oben, andere zur Seite nach unten oder schräg verlaufen. Die Gesamtheit der Armbewegungen läßt die Maschine auf vollen Touren laufen.

3. Die vierstimmige Maschine

Optisch und akustisch interessanter wird die Maschine, wenn die drei anderen Sprechostinati hinzukommen, nachdem jeder neue Sprechteil erst von allen ausprobiert und auf seine Armgebärden hin ausgelotet worden ist. Da das Stück als Kanon gedacht ist, müssen die Ausführenden jeden Sprechteil verbal und in der Bewegungsabfolge üben, so daß jeder das Stück vom Anfang bis zum Ende beherrscht. Für den optischen Aufbau der Maschine mag nochmals das Bild von Paul Klee anregen. Auch dort finden sich verschiedene Aktionsebenen und unterschiedliche Zielrichtungen der Maschinenteile im Raum.

---

[23] Heinz Benker, Mit Auftakt hebt die Sache an, Max Hieber Verlag, München, 1985, S. 6

4. Vier Maschinen

Denkbar wäre auch, daß jede Sprechzeile als „Solo-Maschine" auftritt. Dabei läge der choreographische Anreiz dann darin, die Maschinen optisch interessant und aufeinander bezogen im Raum, also in der Maschinenhalle (siehe Titel des Stückes) aufzustellen.

5. Erfahrungen mit Körpermitte und Atem

Die Sprachlaute bestehen nur aus Konsonanten und zur Hauptsache aus Explosivlauten. Diese wiederum lassen uns unsere Körpermitte besonders deutlich spüren, weil sie die Zwerchfelltätigkeit anregen. Man kann fast sagen: Jede Silbe spiegelt sich im Zwerchfell wider. Dabei wird deutlich, daß die Bildung der Sprechlaute und der Ansatz der Armbewegungen ihren gemeinsamen Ursprung in der Körpermitte haben.

Ostinato

Ein weiteres Stück sei hier noch angefügt, mit dem ähnliche Erfahrungen gemacht werden können. Sein Titel lautet „Ostinato", komponiert hat es Wilhelm Keller.[24]

```
 1. o————sti————na————to————
 2. os  tina  to  stina  os  tina  to  stina  os  tina  to  st
 3. o,o,o,o,o,o,s,s,s,s,s,s,s,t,t,t,t,t,t,i,i,i,i,i,i,i
 4. nanananananananananananananananananananananananananan
 5. atoatoatoatoatoatoatoatoatoatoatoatoatoatoatoat
 6. ota  nit  so  otanitso  ota  nit  so  otanitso  ota  nit
 7. so  os  so  os  so  os  so  os  so  os  so  os  so  os  so  os
 8. i.  titi  na  toto  os  titi  na  toto  os  titi  na  toto  os
 9. tinnnnnnnnnnnnnnnnnnnnaaaaaaaaaaaaatoooooooooooooo
10. os,,ti,,natosti  na,,to,,stinato  sti,,na,,tostin
11. a  tostin  a  tostin  a  tostin  a  tostin  a  tostin  a
12. to————————stinato————————stinat
13. o  os  ost  osti  ostin  ostina  ostinat  ostinato  oo
14. ostinatotanitsostinatotanitsastinatotanitsostin
15. osssssssssssstinnnnnnnnnnnnnattttttttttttttooooooooo
```

Es besteht aus vielen Sprechteilen, die sich, wie der Titel des Stückes sagt, stets wiederholen, jeder Sprecher bleibt bei seiner Zeile, seinem Sprechostinato. Auch hierbei entwickeln sich Gesten, die abstrakte Bedeutung haben, also keine Alltagsgesten mit kommunikativem Inhalt sind, sondern in den Bereich der Tanzgesten überleiten.

---

[24] aus: Wilhelm Keller, LUDI MUSICI, Band 3 Sprachspiele, Fidula-Verlag Boppard/ Rhein und Salzburg

Gamelan

Das gleiche Prinzip, nämlich Synchronität zwischen tönendem Ausatmen und Armbewegung kann sich bei dem Stück „Gamelan" entwickeln, das mittels Sprechsilben den Klang eines Gamelanorchesters imitiert und wiederum von H. Benker komponiert ist.[25]

1. Spiel auf vorgestellten Instrumenten
Wir bauen um uns in der Vorstellung verschiedene Instrumente auf, wie Gongs, Metallophone und Xylophone. Auch eine Zither darf zu unserem Gamelanorchester dazugehören. Um nun die gestische Körpersprache anzuregen, spielen wir auf den vorgestellten Instrumenten mit locker schwingender Armbewegung und lassen die dazu gehörenden Sprechsilben ertönen.

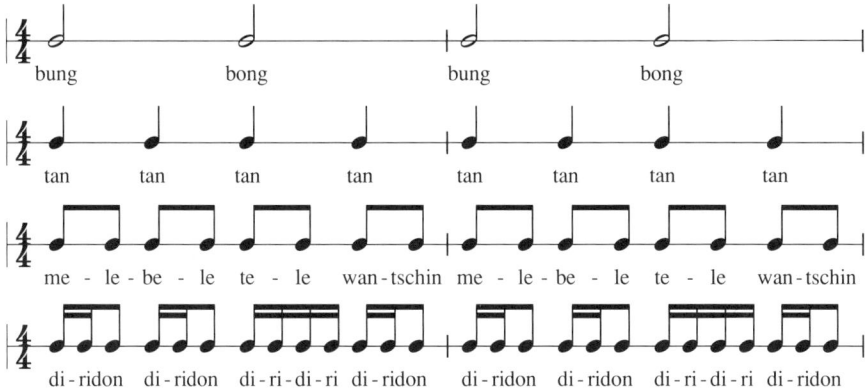

Die erste Zeile könnte man auf großen Gongs spielen. Eine locker schwingende Spielbewegung der Arme aktiviert nicht nur unsere Armgebärden, sondern wird auch unserem Stimmklang für das Bung und Bong die nötige Fülle geben.
Von Zeile zu Zeile nehmen Spiel- und Artikulationsbewegung an Tempo zu.

2. Von der instrumentalen Spielbewegung zur Darbietungsgebärde
Um nun in die Bereiche der Gestik und Gebärde zu gelangen, sollten wir versuchen, die Spielbewegung auf den vorgestellten Instrumenten zu reduzieren, so daß sich immer mehr natürliche Klanggebärden entwickeln. Sie sind es, die mit der stimmlichen Verlautbarung eng verschmolzen diese für Auge und Ohr des Zuschauers lebendig und eindrücklich machen.

---

[25] H. Benker a. a. O., S. 5

Who stoole the cookie? – Wer hat die Kekse?

Who stole the cook - ie from the cook - ie jar? *Num - ber*
2 stole the cook - ie from the cook - ie jar! Who me? *Ya you* could - n't
be *well then who* Number 5 stole the cook - ie from the cook-ie jar! *Who me?*
Tutti Wer hat die Kek - se aus der Do - se geklaut Ti - na hat die Kek - se aus der
Do - se ge-klaut. **Solist** *Wer ich?* **Tutti** Ja du **Solist** *kann nicht sein.* **Tutti** Wer denn?
Ru - di hat die Kek - se aus der Do - se ge - klaut. **Solist** *Wer ich?*

(T. u. M.: Avon Gillespie, Belwin-Mills Publishing Corp. Melville, N.Y. 1974)

1. Alltagsgebärden

Mit diesem rhythmisch prägnanten Sprechspiel aus Amerika, einem sogenannten street-game, knüpfen wir an den Auszählreim an. Ähnlich der Auszählbewegung mit kommunikativem Inhalt, regt es zu einer Zeiggebärde an bei den Teilen „die…hat die Kekse aus der Dose geklaut…" und „Ja du". Eine fragende Armgestik, die auch in ein Hochziehen der Schultern münden kann, unterstützt die Worte „Wer hat die Kekse aus der Dose geklaut" und „Wer ich". Abweisung und Verneinung sprechen aus der Gestik bei der Behauptung „Kann nicht sein". Im Vergleich zu den Armbewegungen bei den Stücken von Benker und Keller initiiert dieses Sprechspiel Gebärden, die auch in unserem alltäglichen Sprechverhalten vorkommen.
Zur Unterstützung des Sprechrhythmus sollte bei den ersten Versuchen der Grundschlag von Einigen auf den Oberschenkeln mitgepatscht werden. (Linke und rechte Hand dabei im Wechsel, um nicht zu ermüden.)

2. Das lautlose Sprechspiel

Ist der Ablauf automatisiert, können Gestik und Mimik noch intensiviert werden, wenn jeder den Text innerlich spricht, also nichts zu hören ist. Die jeweilige Gebärde und Mimik ist dann besonders bedeutsam, weil sie hilft, das Sprechtempo zu halten, und sichtbar macht, an welcher Textstelle sich jeder im Moment befinden soll.

3. Das bewegte Sprechspiel

Die lautlose Ausführung des Sprechspieles braucht viel Konzentration und Aufmerksamkeit, so daß es im Anschluß wohl tut, die Stimme wieder hinzuzunehmen und auch noch Fortbewegung einfließen zu lassen. In einer Laufbewegung geht es kreuz und quer durch den Raum, während der Text dazu gesprochen wird. Der verdächtigte Keksdieb wird dabei die Zielperson der sich bewegenden Gruppe sein, solange, bis sie den Verdacht auf das nächste Gruppenmitglied lenken kann.

Mit dem Abzählvers und dem Sprechspiel aus Amerika sind wir in das Thema Gestik über Spielformen eingestiegen. Die Sprechstücke von Benker und Keller haben unser Gestikrepertoire durch tänzerische Armbewegungen erweitert. Lenken wir nun unsere Aufmerksamkeit mehr auf die Ausdrucksmöglichkeiten von Händen und Fingern.

Eine Handgeschichte

In der nachfolgenden Unterrichtsskizze ist kein fester Sprechablauf vorgegeben. Es gibt nur eine Rahmenhandlung, die beliebig verändert und erweitert werden kann. Hauptakteure sind die Finger und Hände von jeweils zwei einander gegenüber stehenden Partnern, die ihre Augen schließen. Hierdurch wird der Tastsinn aktiviert und der Mut zur freien Bewegungserfindung mit Fingern und Händen erhöht. Beginnt nun der Erzähler mit seiner Geschichte, wie zum Beispiel mit der folgenden, so können die Hände das Gehörte gleich mitspielen.

„Stellt euch vor, eure Hände treffen sich auf der Straße; sie freuen sich und erzählen sich etwas Lustiges. Plötzlich hupt ein Auto; beide bekommen einen großen Schreck und sind ganz aufgeregt, denn an der Straßenecke scheint etwas passiert zu sein. Die Hände tuscheln miteinander. Plötzlich haben sie es sehr eilig: der Bus kommt. Ganz schnell drücken sie sich zum Abschied und gehen auseinander.“[26]

Einzelne Szenen könnten weiter ausgespielt und belebt werden, indem die Partner ihre Hand-Finger-Gespräche durch Phantasielaute akustisch unterstützen. Vielleicht werden die Bewegungsmöglichkeiten der Finger und Hände dadurch noch phantasievoller und der Mut wächst, Laute und Töne zu produzieren, die in der Alltagssprache nicht benutzt werden.

Es könnten auch noch neue Szenen hinzukommen, den Ideen sind keine Grenzen gesetzt.

Bei dieser eher improvisatorischen Aufgabe wird der Schwerpunkt mal mehr auf der Körpersprache mit den Fingern liegen, dann wird wieder die Hand als Ganzes zum körpersprachlichen Ausdrucksträger werden. Die Bewegung der Arme tritt dabei in den Hintergrund.

---

[26] Portmann/Schneider: Spiele zur Entspannung und Konzentration, Don Bosco Verlag

Ein Hand-Gedicht

Als weitere Anregung für das Thema „Sprechende Hände" bringen wir ein Gedicht von Peter Young.[27] Neben der Gestaltung mit Händen mag es auch Impulse zum Schreiben eigener „Handtexte" geben, in denen vielleicht gerade die Möglichkeiten der Bedeutung der Hände im zwischenmenschlichen Kontakt noch weiter ausgebaut werden. (Siehe die letzten beiden Zeilen des Gedichtes).

Hands
handling
dangling in water
making and shaking
slapping and clapping
warming and warning
hitting and fitting
grabbing and rubbing
peeling and feeling
taking and breaking
helping and giving
lifting
sifting sand
hand holding
hand.

Als Anregung dazu ein Gedicht von Walter Sorell, das auf verdichtete Art und Weise den Bedeutungsgehalt der Hand beschreibt.

Sprechende Hände

„Die Hand ist ein gottgesegneter Teil unseres Seins
Nur die Hand kennt keine Maske.
Sie ist so nackt, wie wir wirklich sind.
Die Hände sind die Augen unseres Körpers
und die Augen sind die Fenster unserer Seele
Es ist die Hand, die um das Wissen weiß
und um Jahrtausende des Werdens.
Sie ist so einfach wie ein Handgriff
so subtil wie die Vision eines Sehers.
Sie ist die Geste unseres Geistes,
der Ausdruck unserer Gefühle.

---

[27] Peter Young in „What's in a Poem", Collins educational S. 36

Sie mordet, stiehlt und schlägt, sie droht, sie ruft,
sie nimmt und gibt, sie hilft und sie liebkost
sie ist immer mit uns, unser untrennbares Du"

Walter Sorell aus: Innen sieht das Leben anders aus. Unveröffentlichte Gedichte.

Vom Rand nach Innen
Nachdem der Brennpunkt im letzten Abschnitt unserer Unterrichtsskizzen mehr auf der Körpersprache von Fingern und Händen lag, wird das folgende Beispiel nocheinmal Finger, Hände **und** Arme aktivieren. Das Gedicht von Eugen Gomringer „vom rand", das eine Art Regieanweisung mit Interpretationsfreiraum ist, „verführt" zu besonders großräumiger und ausdrucksstarker Gestik, die durch nachfolgende Übungen angeregt wird.

1. Der Gestik-Choreograph
Zu Paaren versuchen wir uns nonverbal verständlich zu machen. Gelingt es, unserem Gegenüber allein durch Armgebärden zu verdeutlichen, auf welche Weise er sich in einem Raum bewegen soll, ob vorwärts, rückwärts, seitlich, auf geradem Weg, in Kurven, im Zick-Zack, hüpfend oder gleitend?

56

Kann ein Einzelner sich auch einer Gruppe gegenüber verständlich machen, ihr zeigen, ob die Bewegung schnell oder langsam, kraftvoll oder eher weich, in aufrechter oder in gebeugter Körperhaltung ausgeführt werden soll?

Gelingt es uns, unseren Partner mittels deutlicher Armgebärden zu einer Musik (z. B. Barockmusik) tanzen zu lassen, also eine Art „Spontan-Choreographie" zu entwickeln? Vielleicht kann dieses Experiment sogar auf zwei Tänzer ausgeweitet werden, die nicht nur abwechselnd, sondern teils in parallel verlaufenden, teils aber auch in entgegengesetzten Raumwegen bewegt werden.

Das Ausdrucksrepertoire des „Gestik-Choreographen" wird sich durch diese Etüde erweitern und an Deutlichkeit zunehmen, da seine Absichten sonst nicht verstanden werden können. Auch wird er spüren, daß der Ansatz zu seinen Gebärden in der Körpermitte liegt, in enger Verbindung zu der Atembewegung steht und somit nicht nur Finger, Hand und Arm beteiligt sind. Auf diese Weise kommen wir bei unserem Gegenüber an, denn „es gibt ein Verständnis von Sonnengeflecht zu Sonnengeflecht", wie es bei den Japanern heißt, womit Lebendigkeit im Atem und in der Körpermitte, im Zwerchfell, gemeint ist.

Ohne Mühe wird es nun gelingen, eine Bewegungsgruppe durch Sprache und Gebärde beim folgenden Gedicht von E. Gomringer zu führen.

vom rand[28]

vom rand
nach innen
im innern
zur mitte
durch zentrum
der mitte
nach außen
zum rand

2. Darstellung des Gedichtes durch eine Bewegungsgruppe unter der Führung des Gestik-Choreographen

Ausgangs- und Endform der Bewegungsgruppe ist der Kreis. Zahlreich sind nun wiederum die Bewegungsmöglichkeiten und die Raumwege, das Tempo, die Intensität, auf denen vom Rand nach Innen, zur Mitte, durchs Zentrum und wieder nach Außen gegangen, geschlichen, geschritten, gehüpft, getanzt werden kann. Der Gestik-Choreograph überlegt sich einen Ablauf und zeigt diesen der Gruppe durch entsprechende Armgebärden oder auch mit differenzierter Finger-Handgestik an. Die Gedichtzeilen könnten zwischen den Bewegungsszenen ent-

---

[28] E. Gomringer, Konstellationen, Ideogramme, Stundenbuch, Reclam Verlag, Stuttgart, 1977, S. 39
Vgl. dazu auch B. Haselbach Improvisation, Tanz, Bewegung. Stuttg. 1976

weder neutral oder im Charakter der nachfolgenden Bewegungssequenzen gesprochen werden. Denkbar wäre auch, daß zuerst die visuelle Vorgabe durch den Bewegungsdirigenten erfolgt und die verbale Erläuterung mit Hilfe der entsprechenden Gedichtzeile erst im Nachhinein kommt.

Bei der improvisatorischen Arbeit mit diesem Gedicht brauchen Gruppe und Choreograph viel Aufmerksamkeit, Präsenz und Reaktionsbereitschaft sowie eine Atmosphäre, in der immer wieder neue Ideen entstehen und ausprobiert werden können. Der jeweilige Bewegungsdirigent wird zu ausdrucksvollen und vielgestaltigen Armgebärden gelangen und dabei seine körpersprachliche Ausdruckspalette um einige Farben erweitern können. Der Tänzer hingegen übt sich darin, die Armgesten und Gebärden des Gestik-Choreographen zu interpretieren und in Bewegung zu übertragen.

3.3 Sitzen
Das aufrechte Sitzen – Sitzarten

Sitzen kann verschiedene Funktionen haben:
– Es kann Ausruhen, quasi Herausziehen aus dem Daseinsvollzug sein und kann Liegen (siehe auch „Droschkenkutscherhaltung" beim autogenen Training) ersetzen. Diese Form sitzender Entspannung erleben wir sehr häufig, im Bus, Eisenbahn oder Flugzeug, am Morgen oder am Abend, nach der Arbeit und des Nachts im Reisewagen. Der Mensch zieht sich inmitten seiner Umwelt auf sich selbst zurück, hängt seinen Gedanken nach, döst vor sich hin oder schläft. Mimik und Gestik ruhen – „es atmet".
– Ein anderes Sitzen ist eine aufrechte, gleich einem Reiter elastische und feste, gelöste Sitzhaltung. Sie dokumentiert waches Bewußtsein und einen zu jeder aktiven Handlung sofort einsetzbaren Körper. Bei dieser Haltung kommen dann Atmung und Stimmgebung von unten, aus dem Bauch. Es ist die in Japan übliche und gepflegte Sitzhaltung, die sich wesentlich von den im Westen gebräuchlichen unterscheidet. Es heißt: Man „sitzt im Hara".

„Hara" bezeichnet etwas, das dem Menschen, der es besitzt, besondere Fähigkeiten gibt – sowohl aktive, wie passive (rezeptive). Hara vermittelt dem Menschen Erfahrungen, die über die fünf Sinne hinausgehen, sich aber keineswegs mit Erfahrungen aus Instinkt oder Intuition decken. „Hara" bedeutet jenes umfassende Empfangs- und Gestaltungsorgan, das im Grunde der „ganze Mensch" ist, der sich auch als ganzer Mensch zu erweisen vermag."[29]

Im Hara werden Ich und Körper eins, d. h., Willkürliches und Unwillkürliches werden eins. Hier vollzieht sich die Integration von Leib, Geist, Seele zu einer

---

[29] Karlfried Graf Dürckheim, Hara, Erdmitte des Menschen, Otto Wilhelm Verlag, München, 1989, S. 46

Einheit höherer Ordnung. „Sich mit dem Ich und dem Körper zu identifizieren, heißt in Wirklichkeit, beide zu verändern, indem man beide in einen neuen Zusammenhang stellt."[30]

Ursprung und Sitz von Hara liegt nicht im Kopf, sondern im Bauch.[31]

Wir versuchen im Abschnitt „Aufgaben" im Hara sitzen und atmen zu lernen, besonders deswegen, weil diese Haltung die ideale Haltung für gepflegtes Sprechen und Chorsingen bedeutet.

– Im „Hara sitzen" oder im sog. „Schneidersitz", in der „Festhaltung", auch „Diamantsitz" oder „Donnerkeilhaltung" genannt, im halben oder ganzen „Lotussitz", letzteres auch als „vollkommene Haltung" bezeichnet, kann sich Singen, Sprechen und Meditation vollziehen. Diese Sitzhaltungen werden im Abschnitt „Aufgaben" genau beschrieben.

Sie erfordern einige Übung. Beine und Kniegelenke müssen geschmeidig gemacht werden. Man sollte immer mit warmen Gliedern üben, vorsichtig die Beine in die betreffende Stellung bringen und bei evtl. auftauchenden Schmerzen sofort loslassen und unterbrechen.

Jeder sollte sich für eine ihm passende Haltung entscheiden, sie täglich einnehmen und allmählich ihre Dauer verlängern.

Die eingenommene Haltung sollte bei Beendigung langsam verlassen und die Beine kurz dabei gelockert und gestreckt werden.

Meditationshaltungen sind sehr wichtig, besonders wenn wir im Rahmen des „Vokalausgleichs" „Vokalmeditation" durchführen.

Hier müßten diese Haltungen vorgeübt sein.

– Andere Sitzarten im täglichen Leben geben Auskunft über Eigenarten und innere Verfaßtheit des Sitzenden.

Vom Sitzen aus können viele Bewegungen, Gesten sowie andere Signale durchgeführt werden. Es ist die ideale Position zu kommunikativem Handeln. Schon die Sitzhaltung allein kann Auskunft über die Beziehung zum Partner geben.

Man kann die Sitzweisen von ihrer Funktionalität her unterscheiden: Eine friedlich, ruhende oder eine alarmbereite Sitzhaltung.

Sehr gut zu beobachten sind beide Sitzweisen in einem Eisenbahnzug, Straßenbahn oder Omnibus. Der Reisende sitzt friedlich, ruhig, wenn er noch einige Stationen zu fahren hat, ist aber alarmbereit, wenn er in kurzer Zeit aussteigen muß.

– Man kann darüber hinaus Sitzhaltungen bedingt durch Wesen und Zuständlichkeit des Sitzenden allgemein unterscheiden: als geschlossene oder als geöffnete Sitzweise.

---

[30] Ken Wilber in „Wege zum Selbst", Kösel-Verlag 1979, S. 161
[31] Mehr über Hara in: Gottfried Graf Dürckheim, „Die Erdmitte des Menschen", Otto Wilhelm Verlag, München, 1989

Im folgenden sollen Sitzweisen beschrieben werden, deren Funktion und die jeweilige Wesenheit und Zuständlichkeit des Sitzenden zum Ausdruck kommen sollen:

Wer die gesamte Sitzfläche seines Stuhls oder Sessels ausnützt, zeigt deutlich, daß er seine Position zu verteidigen weiß, daß er sich nicht leicht verdrängen läßt, im Gegensatz zu dem, der nur auf einem Teil des Stuhls Platz nimmt. Geschieht dies zögernd, ist Unsicherheit im Spiel. Wird der Körperschwerpunkt über den Fußballen postiert, so daß man jederzeit aufstehen kann, so signalisiert dies Hast und Mangel an Zeit.

Auf dem halben Stuhl zu sitzen zeugt von mangelndem Selbstvertrauen oder läßt mitunter Schuldgefühle gegenüber seinem Partner erkennen.

Zurücklehnen im Stuhl und mit den Fußballen auf den Hinterbeinen des Stuhles wippen, vielleicht noch die Hände hinter dem Hinterkopf verschränkt halten, bedeutet: Man ist auf Beobachtungsposition gegangen und wartet der Dinge, die da kommen werden.

Sitzt jemand auf einem umgekehrten Stuhl (eine amerikanische Gewohnheit), zeigt das eine saloppe Gesprächshaltung an, die noch mit einer gewissen Unsicherheit oder Schutzbedürfnis behaftet ist.

Ein Gesprächspartner wappnet sich auf diese Weise gern gegenüber einer Gruppe.

Locker übereinander geschlagene Beine beim Sitzen zeigen wohl Aufgeschlossenheit gegenüber dem Partner, wenn auch mit einer gewissen Reserve verbunden, besonders wenn der Oberkörper etwas zurückgelehnt ist.

Bei Frauen, die ihre Beine beim Sitzen locker seitlich kreuzen und zur Schau stellen, wirkt diese Haltung leicht provozierend und erotisch. Sie kann gewollt auf eine Unsicherheit beim männlichen Gesprächspartner zielen.

Frauen, sitzend mit beiden Füßen am Boden und mit geschlossenen Knien, zeigen Zurückhaltung und wollen sich damit bewußt im Rahmen der Konvention bewegen.

Doppelt verriegelte Beine und verkrampfte Schultern verraten Verspanntheit und Unbeweglichkeit. Eine Aufforderung vom Partner zu einem kleinen Rundgang würde sicherlich die Verspannung zugunsten des Gesprächs lösen.

Beine um die vorderen Stuhlbeine geschlungen bedeuten: „Das ist meine Position". Mehr oder minder den Oberkörper noch nach vorne gebeut, wird dabei verbal um jene Position gerungen.

Ein offener, legerer Sitz mit einem nach vorne gestreckten Bein und etwa nach rückwärts gelehnt, deutet auf Vertraulichkeit gegenüber dem Partner, während Sitzen mit beiden von sich gestreckten Beinen völlige Entspannung bis Teilnahmlosigkeit signalisiert.

Breiter Sitz und offene Brusthaltung mit quer gelegtem Schienbein – meistens bei Männern – weisen Selbstsicherheit aus.

Breit gespreizte Beine des Mannes stellen beim Sitzen die Potenz zur Schau; es überschreitet die gewöhnliche legere Haltung und wirkt mehr oder minder vulgär bzw. obszön.

Sitzen mit hochgezogenen Knien und hinten aufgestützten Händen bilden eine Mauer der Abwehr, des Widerstandes; Sitzen mit hochgezogenen Knien, die Knie mit den Armen umfaßt, den Oberkörper nach vorne gezogen, zeigen konzentrierte Aufmerksamkeit oder Gefaßtheit z. B. gegenüber einer leidvollen Situation.

Ein Zurechtrücken im Sitz, ein Anheben vom Stuhl verraten Unbehagen, Unlust und die Absicht zu gehen.

Alle diese noch beliebig verlängerbaren Sitzformen bekommen ihre dementsprechende Plastizität durch eine entsprechende Mimik und Gestik. Gerade vom Sitzen aus sind dem körpersprachlichen Gestus keine Grenzen gesetzt und bieten ein großes, vielseitiges und interessantes Übungsfeld.

Übungen

1. Sitzhaltung auf dem Stuhl im Hara einnehmen:
– Vorderes Drittel des Stuhles für das Gesäß – Beide Beine etwas gegrätscht mit Fußsohle auf dem Boden – Gewicht auf die „drei Punkte" gleichmäßig verteilt – Ohr, Schulter, Hüfte bilden eine Senkrechte.
– Insgesamt eine elastische, feste, aufrechte Haltung ohne Verspannung ähnlich wie beim Reiten einnehmen.
– Zuerst etwas Hohlkreuz bilden, nach unten breit und schwer (Birne) werden, Schwerpunkt in der Mitte, zwei Finger breit unterhalb des Nabels,
– dann im Kreuz etwas nachlassen und sich in der Senkrechten einpendeln. Kraft im Unterleib, Kreuz und Rumpf spüren, Augen schließen
– zum Atmen kommen (Einriechen durch die Nase).
– Ausatmen: Schultern fallen lassen, Atem niederlassen in den Bauchraum, der gelöst und frei ist.
– Im Atemrhythmus Oberkörper langsam vor- und zurückpendeln lassen, dann allmählich zum Stillstand kommen. Weiter atmen und Atem beobachten. –

Oberkörper fühlt sich leicht und frei, aber im Beckenraum schwer verwurzelt (im Hara).

2. In diesem Hara-Sitz mit geschlossenen Augen und ruhigem Atem nach rechts weite Kreise mit dem Oberkörper ziehen. Kreise verkleinern und allmählich im Zentrum zum Stillstand kommen. Still sitzen und Atem weiter beobachten. Dasselbe nach links wiederholen.

3. Probiere die folgenden Sitzarten aus, die dir am besten liegen, und wende sie in Atem- oder Gesangsübungen an:

Schneidersitz

Am Boden sitzen, Beine an-
gezogen, linken Fuß unter
den rechten Oberschenkel
und den rechten Fuß unter
den linken Oberschenkel legen. Wirbelsäule und Kopf
aufgerichtet, Hände auf die
Knie legen.

Diamantsitz oder
Festhaltung (Fersensitz):

Hinknien mit geschlossenen
Beinen, Zehenspitzen nach
hinten.

Langsam mit dem Gesäß auf
die Fersen setzen, Gewicht
auf die Fersen und entspannen.

Rücken gerade und Hände
auf die Oberschenkel – im
Hara sitzen. Atmen und
Atem beobachten.

Der halbe Lotossitz:

– Sitze aufrecht, beuge das linke Bein und lege den Fuß dicht an die Leiste, Fußsohle liegt am rechten Oberschenkel.

Das rechte Bein beugen, den rechten Fuß fassen und Sohle nach oben drehen. Spann auf den linken Oberschenkel nahe der Leiste legen.

Rücken straffen und atmen im Hara.

– Wiederholen mit dem linken Bein oben.

Der Lotossitz:

Sitzen mit ausgestreckten Beinen. Ein Bein beugen, Fuß fassen und Sohle nach oben drehen. Spann auf die gegenüberliegende Leiste legen.

Den anderen Fuß ebenso legen, Knöchel kreuzen sich. Füße kommen dicht an den Hüftknochen zu liegen. Rücken und Nacken gerade, Schultern gesenkt. Hände auf den Knien.

Achte:

Diamantsitz, halber und ganzer Lotossitz erfordern behutsame, langsame und einfühlsame Übung.

Die Muskulatur muß warm sein, die Haltungen dürfen nicht gewaltsam eingebracht und müssen langsam aufgelöst werden.

Alle diese Sitzweisen können ohne oder zusammen mit Stimmbildungs- oder Atemübungen geübt werden. Damit wird eine wichtige Voraussetzung für eine funktionell richtige Gesangs- und Sprechhaltung geschaffen; sie bilden außerdem eine wesentliche körperliche Voraussetzung zur Konzentration für die Durchführung von Stimmbildungsübungen, die bei der Vokalarbeit in den meditativen Bereich führen können.

Die „Droschkenkutscherhaltung"

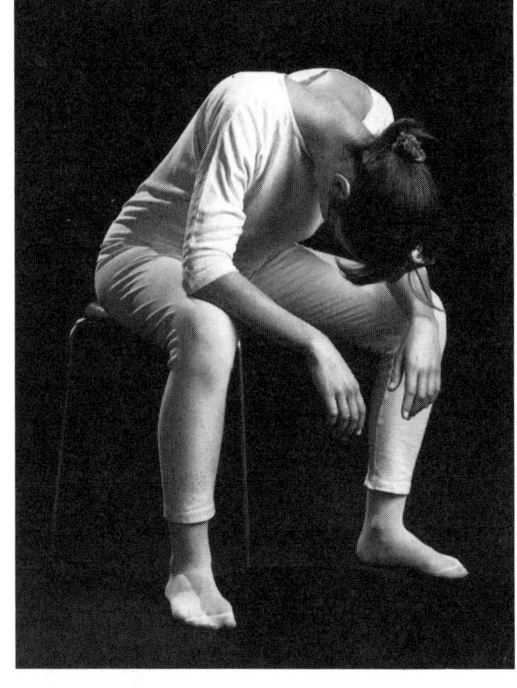

– Sie stellt den Beginn des Autogenen Trainings dar, und wir benützen diese Haltung mit den ersten Übungsformeln des Autogenen Trainings als Entspannung nach körpersprachlichen und stimmlichen Übungen:
– Sitzen auf dem Stuhl, Beine gegrätscht wie gehabt fest auf dem Boden,
– in der Lendenwirbelsäule deutlich einknicken, Schultern bleiben senkrecht über den Knien,
– Ellbogen ruhen locker auf den Oberschenkeln. Unterarme und Kopf hängen entspannt nach unten, das Kinn am Brustbein:
– Augen schließen und ruhig atmen:
– Formel sprechen oder bei sich denken:
„Ich bin ganz ruhig" – Pause ca. 2 Sek.
„Geräusche sind ganz gleichgültig" – Pause ca. 2 Sek.
„Der rechte Arm ist schwer" – Pause ca. 2 Sek.
„Beide Arme sind schwer" – [32)]

[32)] Formeln aus: Dr. med. et phil Klaus Thomas, „Praxis der Selbsthypnose des Autogenen Trainings" (nach J. H. Schultz), Georg Thieme Verlag Stuttgart, 1972, S. 6

Jede Formel mehrmals wiederholen, etwa zwei Minuten lang, und sich beobachten.

– Das Sich-Zurücknehmen erfolgt mit dem energischen Befehl an sich:
„Arme fest! Tief Luft holen! Augen auf!"[33]
Man richtet sich auf, beugt und streckt die Arme energisch mit geballten Fäusten ca. 10mal und öffnet die Augen.

4. Verschiedene, von der Funktion (friedlich-ruhende, alarmbereite) her bestimmte Sitzweisen werden dargestellt.

Gleiche Situationen werden von verschiedenen Typen, die sich durch wesensrelevante Merkmale und verschiedene Zuständlichkeiten körpersprachlich und akuemisch unterscheiden, ausgedrückt.

Die jeweiligen Verhaltens- und Ausdrucksweisen werden besprochen und verglichen.

Schüler sitzen in einem „Bahnhofwartesaal". Sie sitzen friedlich-ruhend, bequem und warten auf den Aufruf der Züge.

Jeder Schüler erhält eine eigene Abfahrtszeit, die gesondert aufgerufen wird; Formel: „In wenigen Minuten fährt auf Bahnsteig 9 der Zug von München zur Weiterfahrt um 16.15 Uhr nach Nürnberg ein".

Im Abstand von je einer Minute werden die „Fahrgäste" nacheinander abberufen. Kurze Zeit vor dem jeweiligen Abruf wechselt der „Fahrgast" von der friedlich-ruhenden Sitzweise in die alarmbereite, um beim Aufruf sofort aufstehen zu können.

– Jeder Schüler hat die gleiche Aufgabe, nämlich den Wechsel von der friedlich-ruhenden Sitzweise in die alarmbereite Sitzweise durchzuführen.

– Dabei soll er einen bestimmten Typ in einem bestimmten Zustand spielen:

Zur Auswahl stehen	**Typen** und	**Zustand**
	selbstbewußt	zornig
	schüchtern	gleichgültig
	lebhaft	fröhlich
	ruhig	traurig
	phlegmatisch	interessiert
	nervös	unaufmerksam
	aggressiv	konzentriert
	eitel	angespannt
	kraftvoll	abgespannt
	korrekt	
	finster	
	nachlässig	

---

[33] Klaus Thomas, a. a. O., S. 4

– Das „Wartesaalspiel" wird in zwei Gruppen gespielt: Die eine Gruppe spielt, die andere Gruppe beobachtet den Vorgang bezüglich
der Funktion: von friedlich-ruhender zu alarmbereiten Sitzweise,
der Typendarstellung,
der Darstellung des Zustands und vielleicht der akuemischen Äußerungen.
5. Partnerübung:
– Eine Person sitzt auf einer Bank, liest, strickt oder sieht in die Gegend
– Eine zweite Person setzt sich daneben
– Nach einer Weile versucht eine der zwei Personen (oder beide) Kontakt anzuknüpfen tastend, zögernd oder direkt.
– Eine Unterhaltung beginnt oder wird abgebrochen
– Die Personen trennen sich entsprechend der Kontaktaufnahme
Die Gruppe beobachtet während des Vorganges bei verteilten Aufgaben
– Sitzverhalten und Sitzveränderung
– Mimik und Gestik
– Sprachlich-akuemisches Verhalten
6. Partnerspiel: Zwei Personen sitzen sich an einem Tisch gegenüber. Jeweils einer will vom anderen etwas, z. B.

Person 1	→	Person 2
– Will eine Anstellung	←	Ablehnung – Interesse – Zusage
– Skepsis – Zusage	→	Will in einen Gesangverein aufgenommen werden
– Will etwas verkaufen	→	Gleichgültigkeit – Interesse – Kauf
– Zorn – Besänftigung – Versöhnung	←	Will Streit beilegen
– Diskussion	↔	Diskussion

über Krieg und Frieden

Ablauf der Handlung:

– Auftreten – Begrüßung
Evtl. Stuhl anbieten
Hinsetzen
– Dialog
– Bereitmachen zum Aufstehen
Aufstehen – Verabschiedung
Abtreten
– Die Handlung kann sowohl pantomimisch als auch verbal-akuemisch mit Gebärden und Mimik erfolgen.
– Die Gruppe verfolgt und beurteilt die Handlung nach Aufgaben verteilt:
Das Verbal-Akuemische
Das Geh-Steh- und Sitzverhalten der Partner.
Den szenischen Gesamteindruck.

Unterrichtsskizzen zu körpersprachlichem Ausdruck im Sitzen

Körpersprache bedient sich im Stehen und Sitzen verschiedener Ausdrucksformen, die sich in der Haltung unseres Körpers zeigen. Dabei hat die Stellung der Schultern (hochgezogen, nach vorne fallend, nach hinten ziehend, abwechselndes Hochziehen und Senken) gleichermaßen Ausdruckskraft wie die Haltung des Brustkorbes (z. B. aufgewölbt, eingesunken) oder des Kopfes (voll aufgerichtet, betont erhoben, seitlich geneigt, nach unten hängend usw.). Auch die Position der Füße und Beine sagt etwas aus (Gewicht auf beiden Beinen, auf einem Bein, breitbeiniges Stehen, nach außen oder innen gerichtete Fußspitzen, Beine eng beieinander, geöffnet, übereinandergeschlagen). Die Haltung der Arme (schlaff am Körper herabhängend, verschränkt über der Brust, eingebunden in ein starkes oder eher zurückhaltendes Gebärdenspiel) gehört ebenso zum nonverbalen Ausdruck.

Zu einer körpersprachlichen Sitzstudie kann uns ein Gedicht von H. Heine inspirieren, indem wir versuchen, die darin agierenden Personen zu verkörpern. Drei Herren und drei Damen sitzen zusammen in einer Teerunde und tauschen ihre Erfahrungen über die Liebe aus. Der Austausch vollzieht sich nicht in langen Abhandlungen, sondern in kurzen Sätzen, in einem Ausruf oder in einem Fragewort. Gerade weil die verbalen Aussagen so knapp gehalten sind, ist es wichtig, daß sie mit Gestik und Mimik verbunden sind, die den Inhalt der Worte und den Personentyp verdeutlichen.

Sie saßen und tranken am Teetisch[34]

Sie saßen und tranken am Teetisch,
Und sprachen von Liebe viel.
Die Herren die waren ästhetisch,
Die Damen von zartem Gefühl.
„Die Liebe muß sein platonisch,"
Der dürre Hofrat sprach.
Die Hofrätin lächelt ironisch,
Und dennoch seufzet sie: „Ach!"
Der Domherr öffnet den Mund weit:
„Die Liebe sei nicht zu roh,
Sie schadet sonst der Gesundheit."
Das Fräulein lispelt: „Wieso?"
Die Gräfin spricht wehmütig:
„Die Liebe ist eine Passion!"

---

[34] H. Heine, Buch der Lieder, Insel Verlag, 1975, S. 94

Und präsentieret gütig
Die Tasse dem Herrn Baron.
Am Tisch war noch ein Plätzchen;
Mein Liebchen, da hast du gefehlt.
Du hättest so hübsch mein Schätzchen,
Von deiner Liebe erzählt.

Lernziele:
– sich einfühlen in verschiedene Personen
– charakteristische Sitzhaltungen, Gebärden und Sprechweisen für die dargestellten Personen finden.

Impulse für ein methodisches Vorgehen:

1. Erprobungsphase
Es mag interessant sein, ein induktives Vorgehen zu wählen, also nicht vom Ge-
dicht in seiner Gesamtheit auszugehen. So werden die wörtlichen Reden, die in
dem Gedicht vorkommen, jeweils auf einen Zettel geschrieben und an die
Schüler ausgeteilt, ohne daß der Zusammenhang durch das Gedicht bekannt ist.
Auf diese Weise können verschiedene Ausdrucksmöglichkeiten erprobt werden.
In einer ersten Runde spricht also jeder der Reihe nach die Worte, die auf seinem
Zettel stehen. Allmählich wird sich eine Sprechfolge einstellen, die sich durch
Blickkontakt und Zuwendung entwickelt. Dadurch gibt es immer wieder neue
Satzkombinationen, und ein gegenseitiges Aufgreifen von verbalen und körper-
sprachlichen Interpretationsweisen, die immer stärker hervorgelockt werden, ist
möglich. In einer nächsten Runde können die Zettel ausgetauscht werden, damit
jeder jede Rolle ausprobieren kann.

2. Die Darstellung des Gedichtes
Die Rollen werden verteilt, eine Sitzordnung wird aufgestellt. Jeder versuche
nun, eine für seine Person passende Sitzhaltung am Teetisch zu finden und seine
Aussage mit einer charakteristischen Gebärde zu verbinden. Damit wird sich eine Sprechweise einstellen, die mit der Körperhaltung im Wechselspiel steht.
Die nachfolgenden Anregungen zur Körpersprache der einzelnen Personen sollen als Impulse zum Ausprobieren und zu selbständiger Weiterarbeit verstanden
werden:
Der dürre Hofrat sitzt mit übergeschlagenen Beinen, hochgezogenen Schultern, eventuell verschränkten Armen, also in einer geschlossenen, verspannten
Sitzweise. Wenn er seine Lebenserfahrung über die Liebe kund tut, könnte er
durch Kratzen am Kopf oder Nesteln an der Krawatte seine Verlegenheit und
vielleicht auch seine Nervosität unterstreichen. Enge im Sprachklang und ein
schnelles Sprechtempo gehen mit der beschriebenen Sitzweise einher.

In welcher Sitzhaltung kann **die Hofrätin** ihre emotionale Befindlichkeit ausdrücken, die von ironischer Resignation bestimmt ist? Sicher ist ihre Körperspannung weitaus geringer als die ihres Mannes, ihre Sitzposition ist eher durch Unterspannung als durch zu starke Angespanntheit charakterisiert. Dies wird hörbar in einem hauchigen, resigniert klingenden „Ach". Der begleitende Seufzer kommt aus einem entsprechend gestimmten „Körperinstrument". Vielleicht verbindet sich ihr „Ach" mit einem in die Ferne gerichteten Blick, der den gefühlsmäßigen Abstand zu ihrem Mann, dem Hofrat, veranschaulicht. Ein bißchen hofrätliche Vornehmheit könnte durch ein Aufnehmen der Teetasse in langsamem Tempo unterstützt werden (der kleine Finger ist dabei abgespreizt), wodurch der kurze sprachliche Einwurf noch mehr ausgekostet werden kann.

Der Domherr – sehr viel Raum für sein Sitzen einnehmend – könnte seine Weisheit mit geschwellter Brust, erhobenem Kopf, gewichtiger Mimik, geöffneten Augen und weitausladender Armbewegung präsentieren, die in einen drohenden Zeigefinger einmündet. Seine Sprechweise wird langsam und bedächtig sein, sich jedem einzelnen Gesprächsteilnehmer zuwendend, sein Sprachklang ist tief und voluminös.

Das fragende „Wieso" **des Fräuleins**, das sie mit lispelndem „s" spricht, deutet auf Unwissenheit und Naivität. Sie spricht mit hohem und körperlosem Stimmklang. Vielleicht stellt sich ein fragendes Achselzucken beim „Wieso" ein, mit dem ein entsprechender Gesichtsausdruck konform geht.

Ganz im Gegensatz dazu **die Gräfin**, sie spricht aus Erfahrung, den Hals leicht zur Seite geneigt, wodurch sie sich mit einem lyrischen Flair umgibt und ihr

Entgegenkommen signalisiert. Die Tasse reicht sie dann dem Herrn Baron mit vielversprechendem Augenaufschlag, nachdem sie „Die Liebe ist eine Passion" mit tiefer, sinnlicher Stimme gesprochen hat.

Bei der Gestaltung dieses Gedichtes in Körpersprache und Wort mag noch ein Requisit hilfreich sein, nämlich der Hut. Ein vornehm breitrandiger Damenhut mit Schleier, ein Zylinder, eine Baskenmütze, ein kesses knappsitzendes Hütchen mit Feder, und noch weitere Hutvarianten sind willkommen und werden den Darstellern helfen, sich noch intensiver in die von ihnen dargestellten Personen einzufühlen und noch in detailliertere oder auch andere körpersprachlich-stimmliche Darstellungen zu schlüpfen.

3.4 *Stehen* – Grundhaltung – Klischees der Körperhaltung

Stehen ist eine typische menschliche Haltung, d. h., es gibt nur sehr wenige Lebewesen außer den menschlichen, die in ihrer Grundhaltung zweibeinig aufrecht stehen.

Wie ein Mensch steht, sagt etwas über Charakter und momentane Befindlichkeit aus.
Haltung im Stehen bedeutet zweierlei: körpersprachliche Ergänzungsaussage und Voraussetzung zur singenden oder sprechenden Stimme. Sie nimmt eine Doppelfunktion in stimmtechnischer und in gestalterischer Hinsicht wahr.

Beide Funktionen können konform gehen, aber auch mehr oder minder gegensätzlich zueinander stehen, was besonders bei agierenden Sängern in Opern immer wieder vorkommet. Z. B.: ein Sänger singt stehend eine Arie und wendet sich dabei während des Gesangs zu seiner Partnerin und dreht den Oberkörper mit gestreckten Armen zu ihr.

Hier steht die an sich vom Sängerischen notwendige aufrechte Haltung im Gegensatz zu der geforderten „Spielhaltung" bzw. Spielbewegung.

Eine Lösung wird nur dann möglich, wenn das „Instrument Stimme", d. h. das Zusammenwirken von Atmung, Kehltätigkeit und Resonanz so gefestigt ist, daß sich der Sänger von der aufrechten Haltung zu lösen und in anderen Körperstellungen oder -aktionen stimmtechnisch einwandfrei singend im Sinne von Belcanto zu agieren vermag.

Es gehört daher zur Grundvoraussetzung der Redenden und Singenden, daß sie ihre Rede- und Singfähigkeiten zunächst in einer optimalen, der Stimmfunktion dienenden, stehenden Haltung lernen.

Wie sieht diese Haltung aus?

Der Kopf ruht aufrecht mit etwas angezogenem Kinn auf dem Nacken, der Blick ist geradeaus gerichtet. Die Schultern hängen locker und gerade, ebenso Arme und Hände. Kopf, Hals und Wirbelsäue sind in eine Linie gebracht, und der Brustkorb hängt ohne Verspannung an der Wirbelsäule.

In gerader Position stützt das Becken den darauf ruhenden Leib. Die Beine stehen in Beckenbreite und tragen das Gewicht des Kröpers, das gleichmäßig zwischen Ferse und Ballen des Fußes verteilt ist.

„Durch den Zug der Schwerkraft stabilisiert sich der Körper; es ist, als sei er wie an einer Kette von oben gehalten: Die Energie strömt gleichmäßig durch die Muskeln den Körper hinauf und hinunter und schafft eine elastische Beziehung zu Erde und Raum. Solange dies geschieht, begegnen wir der Welt harmonisch."[35]

Diese Haltung ist so beschaffen, daß der Sprechende oder Singende in der Lage ist, ohne Spannungen abbauen zu müssen, sich sofort in Bewegung zu setzen, sei es als Fortbewegung oder als gestische Bewegung.

Dazu muß man in besonderer Weise mit seinem Körper Fühlung aufnehmen, indem man nicht nur **an ihn denkt, sondern ihn spürt und fühlt.**

Die durch „Verkopfung" entstandene verengte Identität mit dem Ich soll einer gefühlten Identität mit dem ganzen psychophysischen Organismus weichen. Die Grenze zwischen Geist, Seele und Leib wird aufgehoben, um die „Einheit der Gegensätze, die in den Tiefen unseres Leibes schlummert, wieder zu entdecken."[36]

Praktisch vollzieht sich das eben Gesagte durch eine Haltung und Atmung mit Schwerpunkt im „Hara" (siehe auch 3.3 Sitzen: das aufrechte Sitzen – Sitzarten S. 58):

Sie wird so erreicht:

– Gesamthaltung: Wie bereits beschrieben, sich mit Schwerpunkt im Unterleib hinstellen und Blick in die Weite richten.
– Erspüren des Innenleibes: Augen schließen, Atmung und das leichte Schwanken des Körpers spüren. Unter die Haut fühlen und allen Spannungen und Entspannungen von oben nach unten und von unten nach oben „nachgehen".
– Bewußt in den Ausatemvorgang gleiten, dabei
Schultern loslassen,
ausatmen und sich im Becken niederlassen und tragen lassen,
Unterbauch und Kreuz nehmen etwas zu, man fühlt sich im Unterleib wie eine Birne, Pyramide oder breiter Sockel,
– einatmen: mit leichten, sanften Zwerchfellstößen (Hecheln) durch die Nase den Leib, beginnend bei der Leiste, mit Luft füllen,
– ausatmen wie beschrieben und Einatmen mehrmals wiederholen. Bei dieser

---

[35] Samy Molcho, Körpersprache, Mosaikverlag GmbH München, 1983, S. 74
[36] Ken Wilber, Wege zum Selbst, Östliche und westliche Ansätze zum persönlichen Wachstum, Kösel-Verlag, München, 1979, S. 145

Atmung im „Hara" gibt man Kraft in den Unterleib, spürt sie im Unterleib, Kreuz und im Rumpf als leichte Spannung.

Brust, Hals und Kopf fühlen sich leicht und frei, während man im Becken, in den Lenden, im Rumpf zentriert und verwurzelt ist.

Es bedarf langer Übung, um auf diese Weise eine Änderung des „Ich-Weltgefühls" zu erreichen.

Der Mensch steht fester, breiter und gelassener da, die Welt wird im Laufe der Zeit anders gesehen, Nöte werden besser ertragen und bestanden.

Das so beschriebene Stehen stellt die Grundhaltung jedes rechten Sprechens bzw. Singens dar und bedeutet gleichzeitig durch stetige Einübung eine Hilfe zur Selbstwerdung.

Klischees der Körperhaltung:

Zu Anfang wurde gesagt, daß die Art des Stehens über einen Menschen etwas aussagt, sei es über seinen Charakter oder seine momentane Befindlichkeit.

Wenn jemand schwer auf dem rechten Bein steht, betont er die rechte Hälfte seines Körpers; es läßt auf logisches, rationales Denken schließen. Steht jemand betont auf dem linken Fuß, läßt es eher auf gefühlvolles, intuitives Handeln schließen.

So wie das Standbein von rechts nach links und umgekehrt wechselt, wird auch der Mensch abwechselnd mehr von der Ratio oder vom Gefühl getragen.

Stehen mit angezogenem Spielbein wirkt verspielt und weiblich, während breitbeiniges Stehen männlich wirkt. Das Verharren auf dem eigenen „Stand-punkt" wird dabei augenscheinlich.

Enges Stehen mit eingezogener Brust und hängendem Kopf deutet auf inaktives Verhalten hin. Der Mensch verkriecht sich.

Ein „Kopfmensch", der zwar erklärt, aber nichts unternimmt, der bereit ist auszuweichen, steht mit vorgeschobenem Kopf da, Brust und Hände sind aber zurückgenommen.

Durchgedrückte Knie versperren die Kniegelenke. Das bedeutet: Ich lasse mich nicht verdrängen, verharre auf meinem „Standpunkt". Wenn dazu noch der eingezogene Kopf in einem verkürzten Hals erscheint, weist diese Haltung auf Sturheit hin.

Nicht durchgedrückte Knie zeigen Beweglichkeit und bessere Bodenhaftung. Das Gesäß liegt dabei etwas tiefer; siehe auch Grundhaltung beim Jazztanz.

Das Becken verbindet die Beine mit dem Oberkörper. Emotionen und Triebe haben hier ihren Sitz; deshalb ist die Beckenregion in unseren Breiten die Tabu-Zone unseres Körpers.

Die freie Beweglichkeit des Beckens im Stehen und Gehen weist auf eine entkrampfte Einstellung zu der emotionalen Welt und zu den eigenen Gefühlen hin. Man läßt sich nicht in gesellschaftliche Zwänge pressen.

Ein zurückgezogenes Becken zeigt Reserviertheit und Respekt vor den üblichen Konventionen.

Das militärische „Strammstehen" ist eine Haltung ohne Bodenhaftung und stellt eine typische Gehorsamshaltung dar. So werden Befehle entgegengenommen. Diese Haltung setzt den eigenen Willen außer Kraft.

In Militärkreisen und bestimmten Gesellschaften sind Variationen dieses „Strammstehens" als Gruß, Begrüßung oder Verabschiedung üblich. Sie alle haben den Geruch von Autoritätsgläubigkeit an sich und wirken steif und verkrampft.

Übungen:

1. Nimm eine stehende, lockere Haltung ein und kontrolliere sie von unten nach oben: Kniegelenke, Gesäß/Becken, Wirbelsäule/Rumpf, Schultern/Arme, Hals/Kopf. Beobachte deinen Atem.

2. Nimm eine stehende, gespannte Haltung ein und kontrolliere sie von unten nach oben. Beobachte deinen Atem.

3. Vergleiche deine Atmung in der lockeren und in der gespannten Haltung.

4. Pendle seitlich, vor- und rückwärts in lockerer und dann in gespannter Haltung, mit ruhig fließendem Atem und komme jeweils in die Grundhaltung zurück.

5. Pendle auch mit angehaltenem Atem und beobachte dich.

6. Nimm eine lockere, stehende Haltung ein und atme im „Hara".

7. Stehe jeweils auf dem rechten bzw. linken Bein und bringe das freie Bein in verschiedene Stellungen:

So entstehen die Yoga-Stellungen:

– Nase zum Knie: Knie hochziehen, mit beiden Armen Unterschenkel umfassen, gebeugtes Bein an den Unterleib pressen, Kopf nach vorne und Nase aufs Knie legen – atmen.

– Der Baum: Knie hochheben und Fußsohle an den Oberschenkel möglichst hoch zum Schritt hin legen. Arme seitlich über den Kopf nehmen und Handfläche aneinander – atmen.

– Arm-Bein-Streckung: Arm auf der Seite vom Standbein heben und strecken, Spielbein: Knie beugen und Unterschenkel bzw. Fuß rückwärts ans Gefäß bringen, mit der Hand fassen und Bein ans Gesäß drücken. Körper nach rückwärts beugen, strecken und durchatmen.

8. Haltung wechseln

– Militärisches Stillgestanden und rührt euch mehrmals üben. Mangelnde Bodenhaftung bei „Stillgestanden" beobachten – Atem beobachten

– Standbein rechts und links wechseln, Spielbein jeweils seitlich, vor- und rückwärts bewegen, kreisen, dann erst aufsetzen. Ruhig atmen.

– Von einer locker stehenden Haltung aus sich auf die Zehenspitzen stellen – dabei einatmen – und wieder zurück – ausatmen (man will über etwas: eine Menschenmenge oder Mauer hinwegsehen).

– Von einer lockeren aufrechten Haltung zu einer gebückt stehenden Haltung mit Blick nach vorne, rechts und links seitlich sehend kommen (man will unten durchsehen).

Beobachte deinen Atem.

Stehen in Bereitschaftsstellung.

9. Auf dem Gehen und Laufen heraus – auf Zeichen – stehende Statuen darstellen. Der Typ muß in Körperhaltung, Gestik und Mimik charakteristisch sein.

10. Aus einem Durcheinandergehen oder -laufen heraus – auf Zeichen – sich dem Nächsten zuwenden, Typus darstellen und mit dem Partner pantomimisch, aber auch akuemisch-sprachlich in Dialog treten.

Unterrichtsskizzen zu den Füßen als Träger körpersprachlichen Ausdrucks

Leonardo da Vinci beschrieb den menschlichen Fuß als ein Kunstwerk und als ein Meisterwerk der Technik. Er besteht aus 26 Knochen, 114 Bändern und 20 Muskeln, hat also eine äußerst komplizierte Struktur. Sie befähigt ihn, in jeder Sekunde der menschlichen Bewegung Botschaften auszusenden und zu empfangen, die tausende von kleineren Muskeleinstellungen auslösen, damit wir stets das Gleichgewicht halten können.

Auch im Stillstehen arbeiten die Füße und veranlassen winzige, subtile und fast unmerkliche Veränderungen in unserer Haltung.

Hinsichtlilch der Körpersprache sind Füße Träger von ehrlichen Botschaften, weil wir selten daran denken, was unsere Füße tun. Sie sind am anderen Ende des Körpers, weit weg von der entscheidenden Gesichtsregion, dem Ort unserer Mimik.

So wollen wir uns nachfolgend einmal intensiver mit ihren expressiven Möglichkeiten beschäftigen. Dabei erproben wir als Einstieg verschiedene Bewegungsmöglichkeiten des Fußes und gestalten dann Texte, in denen die Füße in ihrer Beziehung zum Boden, auf den sie sich niederlassen, eine wesentliche Rolle spielen oder sogar zu ausdrucksvollen Hauptakteuren werden, wie in dem Text von Mary Wigman.

Zielsetzungen

– Kontaktaufnahme mit unseren Füßen
– Erweiterung unseres Repertoires an Bewegungsmöglichkeiten der Füße.
– Vertiefung unserer Sensibilität für den Kontakt zwischen Fußsohle und Boden.
– Erfahrungen sammeln im Hinblick auf unsere Füße als Träger von körpersprachlichem Ausdruck.

Fußexperimente

a) in der Bewegung

Um in Kontakt mit unseren Füßen zu kommen, bewegen wir uns kreuz und quer durch den Raum auf verschiedenen Teilen des Fußes, auf den Außen- oder Innenkanten, auf den Fersen oder Zehenspitzen. Wir stellen uns dabei unterschiedliche Bodenbeschaffenheiten vor, wie:
– Laufen über heißen Sand
– über spitze Steine,
– auf Eis,
– in schlammigem Morast,
– auf einer Straße mit tiefen Pfützen.
Sicher fallen uns noch andere phantasiereichere Böden ein, die unsere Füße inspirieren.

Kann wohl ein Außenstehender an unserer Körperbewegung, an unserer Körperhaltung, an der Art, wie wir unsere Füße aufsetzen, erkennen, auf welcher Art Boden wir uns gerade befinden?

Ein anschließendes Gespräch wird nicht nur über falsch oder richtig entscheiden, sondern auch zum Austausch führen über Beobachtungen bezüglich verschiedener Aufsetz- und Abrollbewegungen unseres Fußes auf dem Boden.

b) im Sitzen

Wir setzen uns in einen Kreis, stützen uns mit den Armen ab und halten die Füße hoch. Nun geben wir einen Gegenstand (z. B. einen Ball, ein Tuch oder einen Stab) von Fuß zu Fuß weiter und werden uns damit der Greifmöglichkeiten unserer Füße bewußt.

Nach dieser „fußmuskulären" Aufwärmung setzen wir uns zu zweit einander gegenüber und führen Fußgespräche. (Siehe dazu auch „Sprechende Hände" S. 55). Bittende Fußbewegungen, abweisendes Fußspreizen, gegenseitige kurze Fußberührungen in neckender Absicht – es gibt so manches dabei zu entdecken und auszuprobieren. Wir könnten unsere Fußgespräche auch durch Laute unterstützen, wodurch sich unser Repertoire an Fußbewegungen und Ausdrucksformen erweitert.

Da unsere Füße den größten Teil des Tages in Schuhe eingezwengt sind, müssen wir ihnen Zeit geben, daß sie aufwachen und Erfahrungen sammeln können.

c) in der Ruhe

Nachdem wir unsere Füße in ihren Bewegungsmöglichkeiten erfahren haben, können wir unser „Fuß-spektrum" auch in der Bewegungslosigkeit, also in fast meditativer Ruhe noch erweitern.

Dazu nehmen wir einen bequemen Sitz ein, umfassen einen Fuß mit den Händen und gehen mit ihnen auf Entdeckungsreise. Wir können uns in den Fuß einfühlen, die vielen Gelenke und Bänder erspüren und beleben, die Bauweise des Spanns erfühlen, die Form der Ferse in uns aufnehmen und vieles mehr.

Wieder andersartig werden unsere Erfahrungen sein, wenn wir nicht unsere eigenen Füße, sondern die eines Partners oder einer Partnerin entdecken, oder unsere Füße einem Gegenüber anvertrauen und so über die Berührung und die dabei entstehenden verschiedenartigen Sensoren unseren Fuß kennenlernen.

Wenn wir dann wieder zum Stehen kommen und unsere Füße in den Kontakt mit dem Fußboden gelangen, werden wir weitere Beobachtungen machen. Einige Fragestellungen werden uns dabei hilfreich sein, wie: „Wie fühlt sich der Boden an, ist er kalt, warm, hart, weich?“, „Mit welchen Teilen des Fußes berühren wir den Boden?“. Weitere, individuelle Fragestellungen werden entstehen.

Durch die verschiedenen Fußexperimente sind wir jetzt gut vorbereitet, um uns Texten zuzuwenden, in denen die Füße wesentliche Ausdrucksträger sind.

Der Flüsterkanon[37]

a) Einstimmung

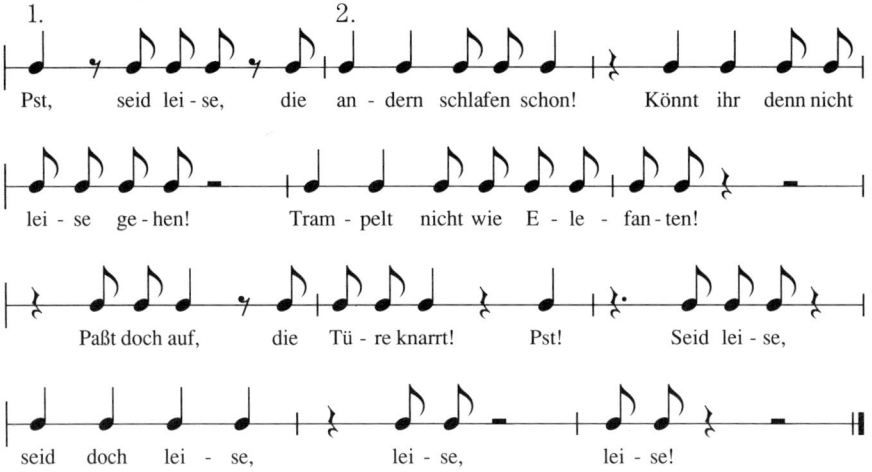

Beim ersten Durchlesen ist uns sicher gleich erkennbar, daß den Füßen im Kontakt zum Boden eine „tragende“ Rolle zukommt. Langsam und vorsichtig müssen die Füße aufgesetzt werden, um Geräusche zu verhindern.

Als Einstimmung beginnen wir mit dem Gegenteil: Wir trampeln mit unseren Füßen auf dem Boden und legen dabei unsere ganze Intensität in die Trampelbewegung, um dann allmählich unsere Vitalität immer mehr abzubauen und in

---

[37] H. Benker, Mit Auftakt hebt die Sache an, Max Hieber Verlag, München 1985, Seite 19

eine Gegensatzbewegung, nämlich ein vorsichtiges Fußaufsetzen zu kommen. Die Zehen werden den Beginn der Berührung mit dem Boden machen, die Fußsohle folgt nach. Der Kontakt zwischen einzelnen Teilen der Fußsohle und dem Boden wird in das „Fuß-Merk" gerückt, denn er entscheidet über die Vermeidung von knarrenden Geräuschen. Wenden wir unsere Aufmerksamkeit von den Füßen weg und spüren uns in unseren Körper ein, so werden wir fühlen, daß sich die tastende Fußeinstellung im ganzen Körper widerspiegelt, zum einen in der Muskelspannung, die erhöht ist, dann auch in einer Art „Hab-acht-Mimik" sowie „Hab-acht-Körperstellung". Diese fließt ein bis in die Hand- und Fingerposition.

b) Vier Sprechgruppen

Mit der Körpersprache sind wir in unsere Szene eingestiegen und werden wahrscheinlich mühelos in die gewünschte flüsternde Stimmgebung gelangen, denn über die Gebärdung finden wir zum wahrhaftigen, situationsgemäßen Ton.
Vielleicht ist es hilfreich, den Flüsterkanon erstmal auf vier Sprechgruppen aufzuteilen, so daß vorerst nur ein kurzes, rhythmisch vorgegebenes Sprechstückteil in die tastende Bewegungsweise eingebunden werden muß, wodurch das Auswendiglernen erleichtert wird.

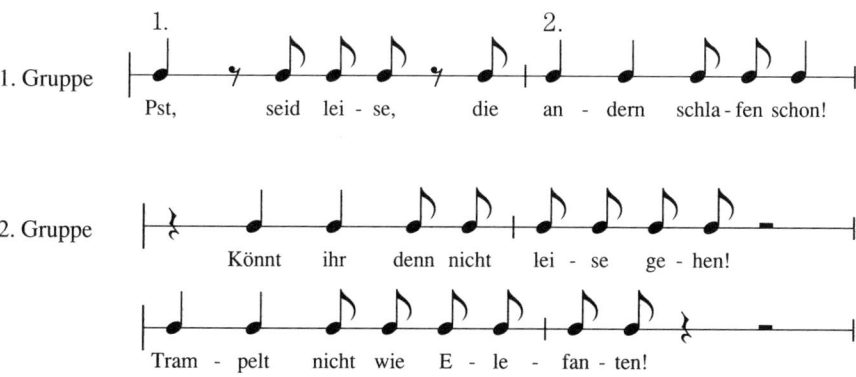

1. Gruppe — Pst, seid lei - se, die an - dern schla - fen schon!

2. Gruppe — Könnt ihr denn nicht lei - se ge - hen!
Tram - pelt nicht wie E - le - fan - ten!

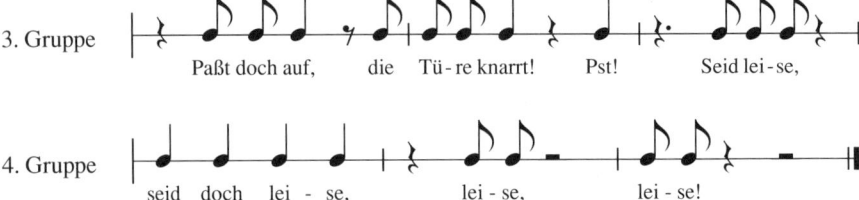

3. Gruppe — Paßt doch auf, die Tü-re knarrt! Pst! Seid lei-se,

4. Gruppe — seid doch lei-se, lei-se, lei-se!

Dann könnten die Teile ausgetauscht werden, so daß am Ende jeder Sprecher mit jedem Textteil vertraut ist, sich ihn „einverleibt" hat.

c) Ausführung

Wir führen nun das Sprechstück vom Anfang bis zum Ende auf, wobei unsere vorsichtig tastenden Körperbewegungen, die ihren Ansatz beim Aufsetzen der Füße haben, sicher eine wesentliche Hilfe für die richtig dosierte Stimmgebung sind. Sie ist charakterisiert durch Flüstern und eine tastende Artikulation.

Es wäre interessant, dieses Sprechstück auch in einer gewohnten Sprechchoraufstellung zu realisieren und dabei auszuprobieren, wie weit wir den erforderlichen Sprechklang und die tastende Sprechweise beibehalten können.

Hilfreich wird es sein, wenn wir uns während des Sprechens an die vorher ausgeführten Bewegungen körperlich erinnern, **denn über den Körperausdruck haben wir den situationsgemäßen, passenden Ton gefunden.**

„Die Füße" – Darstellung eines Textes

Mary Wigman, die Verfasserin des folgenden Textes über Füße in ihrer Beziehung zum Boden, war eine berühmte Tänzerin. Ihr Ausdruckstanz entstand aus dem persönlichen Bedürfnis nach Mitteilung und aus dem Kampf um die Freiheit des bewegten Körpers. Damit prägte sie wie keine andere Tänzerin die Geschichte des freien Tanzes in Deutschland. Sie hat getanzt, Choreographien entwickelt, Gedichte und Texte geschrieben, wie den folgenden:

Die Füße[38]

Sie schreitet über den Boden mit langsamen Schritten, schließt die Augen, fühlt nichts mehr als den leisen Rhythmus des Schreitens.

Tänzerfüße lieben die Erde. Gebändigten kleinen Tieren gleich schleichen sie mit verhaltener Sprungkraft, mit zurückgedrängter Bosheit. Sie streicheln den Boden, greifen ihn mit den Zehen, drängen sich fest an ihn, flüstern ihm Geheimnis zu. Der Boden antwortet, gibt jeden Druck zurück, breitet sich in ihnen in dumpfliebender Mütterlichkeit. Jeder Schritt ist Liebkosung, kleine Zärtlichkeit.

---

[38] R. v. Delius, Mary Wigman, Dresden 1925, Seite 40

Manchmal werden die Tänzerfüße wild; dann toben sie gegen die Mutter in zornigen Rhythmen, tanzen verhaltene Wut in den Boden hinein, drohen Vernichtung. Unverändert unter ihrem Haß atmet Erde tiefe, ruhige Züge. Die wütenden Füße halten ein, erstaunt, verwirrt, strecken sich hochmütig in den Gelenken, drehen sich lachend auf den Spitzen. Denn sie sind auch leichtsinnig.

a) Der Text als Bewegungsbegleitung

Im Vergleich zum Flüsterkanon werden die Möglichkeiten der Kommunikation zwischen Füßen und Boden sehr erweitert. Füße und Boden reagieren aufeinander, „der Boden antwortet…", sie regen sich gegenseitig an.

Wenn wir den Text lesen, tauchen vor unserem inneren Auge sicher verschiedene Fußszenen auf, die schreitende, springende, streichelnde, zärtliche und tobende Füße zeigen. Sie sind die Hauptdarsteller in diesem Stück, ihr Gesprächspartner ist der Boden, dem sie in vielschichtigen emotionalen Facetten begegnen.

Inwieweit gelingt es, unsere inneren Bilder zu verwirklichen? Dafür sollten wir nun „an die Füße gehen" und ausprobieren, was wir uns von dem Text gemerkt haben. Bei einem nächsten Versuch könnte ein Sprecher oder eine Sprecherin den Text für die Fußakteure lesen, in der Art einer Bewegungsbegleitung. Kein Instrument, sondern die Sprache begleitet die Bewegung, wobei das Bewegungstempo, die Dynamik und der emotionale Bewegungsausdruck der Füße sich im Sprechen widerspiegeln sollten. Dabei werden sich allmählich immer deutlicher Zäsuren einstellen, die den Füßen genügend Zeit geben, die verbalen Impulse auszuprobieren, auszukosten, weiterzuentwickeln und schließlich in einen wiederholbaren Ablauf zu bringen.

b) Textgliederung

Für die Gliederung des Textes gibt die visuelle Aufteilung, wie sie Mary Wigman vorgenommen hat, deutliche Hinweise.

Langsames Schreiten leitet das Stück ein, gleich einer **Ouvertüre**. Dem schließt sich der **erste Akt** an, charakterisiert durch Zuneigung „Tänzerfüße lieben die Erde", streichelnde, liebkosende Fußbewegung. Im **zweiten Akt** steigert sich die Ausdrucks- und Bewegungsintensität. Zorniges, tobendes, wütendes Verhalten der Füße erreichen schließlich einen Höhepunkt, der das musikalische Zeichen Fermate bekommen könnte, also ein Innehalten auf dem Moment größter Spannung, dem dann die plötzliche emotionale Kehrtwendung folgt. Fast ein bißchen verschämt über das eigene Verhalten, dem Mutter Erde nur tiefes, ruhiges Atmen entgegensetzt, folgt ein eher spitzbübischer Ausklang der Fußvorstellung.

„Nahe den Bergen…"[39]

Anders als die beiden bisherigen Sprechvorlagen, gibt das folgende Gedicht des Indianers Joseph Bruchac nur einen Rahmen. Das „Fußbild", das der Rahmen umschließt, müssen wir erst malen und können dafür unsere eigenen Farben und Formen wählen.

Nahe den Bergen	Er sagt dir: Denk daran,
klingt der Felsboden	die Erde ist eine Trommel.
hohl	Wir müssen sorgsam auf unsere Schritte achten,
unter den Schritten	um im Rhythmus zu bleiben.

Leitfaden für unsere Füße ist der ständige intensive Kontakt zum Boden und seinem Klang. Diesen auszuloten, wird uns zu verschiedenen Fußbewegungen inspirieren, wie unterschiedlich kräftiges Aufsetzen der Füße vom fast lautlosen Schleichen über Wischbewegungen mit der Fußsohle bis zum Springen, Stampfen und Trampeln.

Schließlich kann der Bodenklang noch dadurch erweitert werden, daß wir um ein Fußgelenk ein Schellenband binden, so daß bei der entsprechenden Bewegung des Fußes zu dem Bodenklang noch die Helligkeit der Schellen hinzukommt.

„Wir müssen sorgsam auf unsere Schritte achten,
um im Rhythmus zu bleiben."

Um den Rhythmus erstmal zu finden, ist es zunächst wichtig, daß wir in ein gleichmäßiges Gehen hineinkommen, das sogenannte Metrum spüren, das Pulsieren, das in allem Lebendigen steckt.

Aus dieser gleichbleibenden schwingenden Schrittbewegung kann sich dann beim Spiel auf der großen „Erdtrommel" ein Bewegungsmotiv entwickeln, das bei seiner mehrfachen Wiederholung eine dynamische Steigerung erfährt, und in ein neues Motiv einmündet, das eventuell einen Kontrast bildet.

Verschiedene Bewegungsrichtungen im Raum (vorwärts, rückwärts, seitwärts) erweitern noch die Palette der Bewegungsmotive.

Das nachfolgend abgedruckte Bild[40] mit dem Titel „Weg nach innen" kann vielleicht noch zu weiteren Ideen hinsichtlich der Gestaltung des Raumes durch die Füße inspirieren.

Ausgehend von der gleichmäßigen Schrittbewegung in engem Kontakt zum Boden sind wir durch das Gedicht in den Bereich der tänzerischen Improvisation gelangt. Dabei liegt der Beginn all unserer Bewegung in den Füßen und setzt sich dann bis in die Fingerspitzen fort. Wir sind hierbei also von „Fuß bis Kopf" in den Körperausdruck einbezogen und erleben wiederum, welche Möglichkeit der Expressivität auch in den Füßen liegt.

---

[39] Mündlich überliefert
[40] „Weg nach innen" von Johannes Frischknecht, Postfach, CH-8320 Fehraltdorf

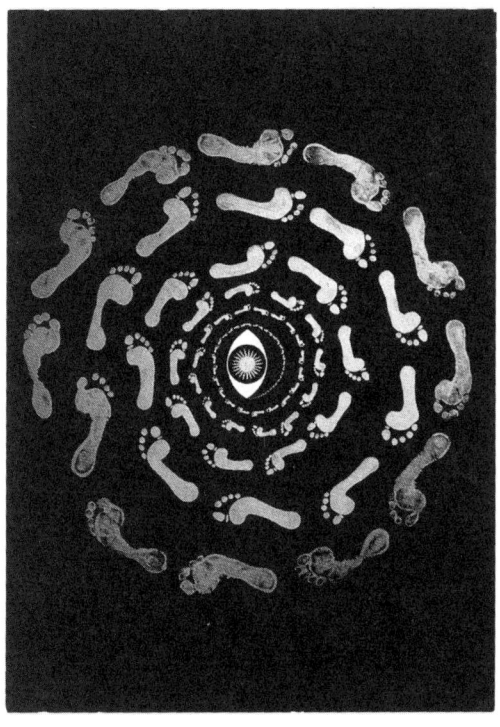

3.5 Fortbewegung und Stimme – Gehen – Tanzen – Wandern – Marschieren – Schreiten

Individuelles Gehen:

„Der moderne Mensch hat das Gehen verlernt…für ihn ist es nicht vielmehr als ein Transport. In Wirklichkeit ist Gehen Ausdruck wie kaum eine andere Bewegung."[41] **Gehen verkörpert die Individualität des Menschen, sein Alter, seinen leibseelischen Zustand, genauso wie es die Stimme tut.** Stimme und Gehen können Kraft, Zielstrebigkeit, Lust zum Leben, Würde und Gelassenheit, innere Stille, Müdigkeit und Mutlosigkeit, Verzweiflung ausdrücken. Sie drücken vordergründig die momentane Befindlichkeit aus, zeigen aber in ihrer Grundbewegung bzw. in ihrem Stimmklang etwas von ihrer generellen Individualität auf.

Man weiß schon lange, daß eine intensive Schulung der Stimme persönlichkeitsbildend wirkt, also Einfluß auf die Individualität des Menschen nimmt.

Wenn Gehen Ausdruck wie kaum eine andere Bewegung darstellt, so muß über

---

[41] Dore Jakobs, Die menschliche Bewegung, G. Kallmeyer-Verlag a. a. O., Wolfenbüttel, 1983, S. 383

„Gehschulung" ebenso eine bildende Kraft wirksam werden, die in der Lage ist, im Menschen positiv verändernd zu wirken.

Es gibt nicht nur **ein** Wechselspiel zwischen Beinen, Becken und Brustkorb. Das Gewicht wird auf das ausschreitende Bein verlagert; dabei senkt sich das Becken auf die Seite des Spielbeins, so daß Kreuz- und Steißbein ein wenig schief gestellt sind. Bei der nächstfolgenden Schreitbewegung stellen sich Kreuz- und Steißbein wieder gerade, um sich dann nach der anderen Seite schief zu stellen. Durch das Vorschwingen des Spielbeins zum Standbein mit dem gleichzeitigen Vorschwingen des entgegengesetzten Armes wird die Wirbelsäule verwrungen. „Diese ausgleichende Gegendrehung ist beim Gehen nur klein und wenig augenfällig; dennoch ist sie mitbestimmend für den Ausdruck."[42] Während des Durchschreitens bei starker Gewichtsvorlage und Anheben des Oberschenkels erfolgt ein leichtes Vorneigen des Beckens. „Eine Art Welle läuft so bei jedem Schritt durch die Wirbelsäule."[43]

Gehen auf ebenem Boden sollte leicht und locker, nicht mühsam und schleppend sein. „Es gibt keinen guten Gang bei schlechter Haltung."[44]

Ausgangslage richtigen Gehens ist also die richtige Haltung beim Stehen (siehe Kapitel 3.4 Stehen, Seite 70).

In den Hinterhauptmuskeln sitzt ein Nervenorgan für die Bewegungskoordination. Durch Beobachtung wurde festgestellt, daß sich durch falsche Kopfhaltung Schwierigkeiten in Stimme und Atmung sowie im Bewegungsablauf ergeben. Da jede Bewegung und stimmliche Verlautbarung wesentlich von der Kopfhaltung abhängt, ist die Art der Kopfhaltung ein bestimmendes Element im Stehen, Gehen und Stimmgebung. Der Kopf muß auf der Wirbelsäule wie eine Kugel auf dem Stab balancieren. Voraussetzung für diesen „richtigen Sitz" ist ein feinfühliges Verhalten der Halsmuskulatur, die die „Austaxierung" des Kopfes auf der sich verändernden Wirbelsäule vornimmt.

Die vielen Formen des Gehens entstehen nicht nur durch die verschiedene Individualität des Menschen, seiner gegenwärtigen Gestimmtheit und Verfaßtheit sowie der Funktion, die das Gehen im Augenblick auszuführen hat, sondern sie entwickeln sich auch automatisch aus den Berührungsreizen der Füße mit dem Boden. Auf festem, ebenem Boden geht man anders als z. B. auf Kies, auf weichem Sand, auf nasser Wiese. Man geht anders, wenn man verschiedene Schuhe „trägt oder barfuß geht; hier schmiegt sich der Fuß dem Boden an" federt von ihm ab. „Füße, die so feinfühlig spielen können, bleiben nicht nur gesund, sie sind auch Quellen einfacher Lebensfreude im Alltag und im Tanz."[45]

---

42) Dore Jakobs, a. a. O., S. 376
43) Dore Jakobs, a. a. O., S. 376
44) Dore Jakobs, a. a. O., S. 380
45) Dore Jakobs, a. a. O., S. 382

So wie Arme und Hände in der Gebärde wichtige Funktionen im körpersprachlichen Ausdruck übernehmen, so können Beine und insbesonders Füße gestaltendes Medium werden. Ähnlich wie bei den Händen ist durch die große Beweglichkeit der Füße differenzierter Ausdruck möglich; das soll körpersprachlich ausgenutzt werden.

Tanzen:
Der Mensch gebraucht seine Stimme aus allen körperlichen Lagen heraus, sei es aus dem Liegen, Sitzen oder Stehen. Die Stimmgebung kann dabei auf das gesamte Atemvolumen zurückgreifen, da hier der Atem allein der Stimme zur Verfügung steht. Anders ist es bei der Stimmgebung aus der Fortbewegung heraus. Hier hat der Atem zwei Funktionen zu dienen, nämlich der Stimme **und** der Fortbewegung. Der gemeinsame Rhythmus übernimmt in diesem Falle die Koordination von Atem und Bewegung einerseits und von Atem und Stimme andererseits. Zäsuren von Sprach- bzw. Gesangsmelodien werden mit Bewegungszäsuren gleichgeschaltet.

Tanzbeschreibung zu „Wir reiten geschwinde"   (nach Thilde Lorenz):

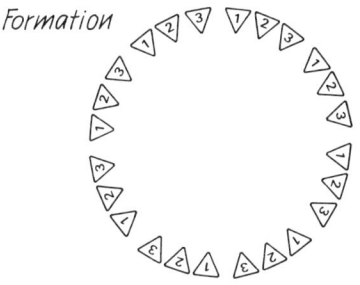

Formation

Beim Kanontanzen Takt 1 – 8
hinter den Tänzern vorbeitanzen

Takt:
- 1 – 4   Galoppschritte seitwärts nach links
  Wiederholung: seitwärts nach rechts

- 5 – 8   4 Hüpfer vorwärts zur Mitte
  Wiederholung: 4 Gehschritte rückwärts auf den Platz

- 9 – 10 2 Stampfer mit dem linken Fuß, rechte Hand schwingt die „Peitsche" über dem Kopf

- 11 – 12 mit 4 Tritten des rechten Fußes ganze Drehung links herum am Platz

Zuerst tanzen alle den Kanon, dann beginnen die Einser usw.

Bei Gehen, Wandern, Marschieren erfolgt diese Anpassung problemlos, da die gleichmäßige Fortbewegung der Beine gleichzeitig den „Beat" der gesungenen Melodie veranschaulicht bzw. hörbar macht.

Der Rhythmus des Atems wird von der Gesangsmelodie gesteuert, in der die Fortbewegung mitläuft.

Probleme mit der Atemführung tauchen erst auf, wenn zum Tanz gesungen wird; besonders dann, wenn im Verlauf des Tanzes Laufschritte, Hüpfer und andere Bewegungen auftreten.

Wir reiten geschwinde

Melodie und Tanz sind so angelegt, daß die Agierenden vom Atemholen her sich nur mit dem sog. „Schnappatem" atemtechnisch versorgen können. Die Luft wird schnellstens über Mund und Nase nachgefüllt, d. h. ergänzt, so daß die Atemspannung (Stütze) während des ganzen Tanzes erhalten bleiben kann. Dieser Tanz braucht durch seinen Seitgalopp und seine „Hüpfer" sehr viel Atem, genauso wie die rasch ablaufende Melodie, die durchweg syllabisch und im 1. Teil rezitativ angelegt ist.

Um nicht in Atemnot zu kommen, müssen deshalb die Atemzäsuren kurz angelegt alle 2 Takte (siehe Notenbeispiel und Tanzbeschreibung) erfolgen.

Bei der Tanzeinstudierung muß darauf geachtet werden, daß die Atemspannung durch „Schnappatem" erhalten bleibt. Bereits die Atemführung der Melodie wird bei der Tanzeinstudierung schon im Prinzip miteingebaut.

Die Einstudierung des Textes im Melodierhythmus erfolgt wieder auf der Atemspannung mit 2taktigem Schnappatem.

Tanz- und Liedtext können sich durch diese Vorbereitung zu einer Einheit leicht verbinden.

Die Liedmelodie selbst kann wieder unter denselben Spannungsverhältnissen gesungen werden, um „nahtlos" im Tanz ohne Atemnot eingebunden zu werden.

Aus dem Gehen heraus hat die Gesellschaft Variationen von gemeinsamen Gehbewegungen entwickelt. In ihnen wird die jeweilige Absicht, Haltung, Dynamik und Stimmung erkennbar. Sie sind meistens mit Gesang und Instrumentalmusik verbunden.

Wandern:

Der Wanderer strebt nach einem bestimmten Ausflugsziel, er ist innerlich gelöst, seine Dynamik ist lebhaft und kraftvoll, die Stimmung unternehmungslustig, fröhlich, heiter und kommunikationsfreudig.

Meist in lockerer Formation eingebunden, kommt singend, musizierend Gleichklang und Gleichschritt auf.

Die Gehbewegung wird dabei ausgreifend, aus der Hüfte schwingend, fast tänzerisch, manchmal zum Loslaufen bereit; Kopf, Hals und Oberkörper werden nach allen Seiten zur Kommunikation oder Landschaftsbetrachtung freigesetzt. Zeitweises Singen und Musizieren beflügelt das beschwingte Gehen bzw. Wandern, komplettiert die äußere Verfaßtheit. Körpersprachlich und stimmlich wird die Gesamtbefindlichkeit des Wandernden widergespiegelt.

Auch der einzelne Wanderer ist in der Lage, sich auf diese Weise in Stimmung zu versetzen, d. h. sich von diesen äußeren Aktivitäten her innerlich voll zu motivieren.

Marschieren:

Der Begriff „Marsch" kommt vom Altfränkischen „markon", was soviel wie „eine Fußspur hinterlassen" bedeutet. „Marsch" bedeutete ursprünglich die Bewegung von Truppen oder schwimmenden Verbänden; es bedeutete aber auch ein Musikstück, das das gleichmäßige Marschieren einer Gruppe regelt.

Für die Heerführer früherer Zeit war Marschieren und Marschmusik ein Mittel zum Kampf und zur Repräsentation.

Im Gleichschritt marschieren kann für einzelne Gruppenmitglieder einen gewissen Zwang bedeuten, der durch Singen bzw. Marschmusik aufgehoben, zur Gleichgestimmtheit und gehobener Stimmung geführt werden kann. Durch den gleichmäßigen Grundrhythmus und die darüber gelagerten Melodien und Harmonien wird die psychosomatische Grundbefindlichkeit angehoben und führt zu einer Leistungssteigerung, die im Kriegsfall dem Kampf zugute kam.

Es gab verschiedene Marschgeschwindigkeiten: Die Landsknechte des 30jährigen Krieges marschierten im „gevierten Haufen" mit Tempo 60, d. h. in einer Minute mit 60 Schritten, Friedrich der Große mit Tempo 75, quasi mit dem „Herzschlag in die Schlacht". Heute gilt Tempo 114 bei Paraden und Umzügen.[46)]

Zum Marschieren werden Lieder gesungen wie: „Die blauen Dragoner sie reiten", „Schwarzbraun ist die Haselnuß", „Ich kam vom Alabama übern großen Teich daher", „Wir lagen vor Madagaskar", auch englische und schottische Skandies sowie französische Volkslieder.

Während Wandern mit Singen und Musizieren Heiterkeit und Fröhlichkeit ausstrahlt, gibt Marsch und Marschgesang bzw. Marschmusik Diszipliniertheit, eine Feststimmung und Feierlichkeit kund. Von früher her hat Marsch und Marschgesang immer noch eine gewisse martialisch-festliche, rauhbeinig-militärische Ausstrahlung, die bei bestimmten Gelegenheiten, z. B. bei Volksfesten die Masse zu ergreifen in der Lage ist.

Schreiten:

Eine Abstufung des gemeinsamen Gehens: das „Schreiten" sei hier genannt. Es geschieht nicht nur durch Verlangsamen des Gehens ins Zeitlupentempo. „Man muß sich viel Zeit nehmen zum Gleichgewichtsspiel auf dem Standbein, viel Zeit zum Übertragen des Gewichts, Muße zu leichtem Zurückschwingen. Im Verhältnis dazu darf die Beinführung nicht zu sehr in die Länge gezogen werden. Nicht in der Beinführung liegt die Stetigkeit der Bewegung, sondern im ruhevollen Schwingen des ganzen Körpers."[47)]

Schreiten verlangt in der Durchführung volle Konzentration, um den Bewegungsablauf richtig zu steuern. Dazu wird, wenn es im Gruppenverband geschieht (z. B. bei Trauerfeierlichkeiten) mit einer Blaskapelle begleitet. Die Stimme schweigt.

Wandern, Marschieren und Schreiten sind durch ihre Funktion bedingte Gehbewegungen, die den individuellen, subjektiven Bewegungsablauf beim Einzelnen verdecken, ihn manipulieren und der gesamten Gruppenbewegung angleichen und gleichschalten. Der Gesang bzw. die Musik tut dazu noch ein übriges, um dieses gemeinsame „Bewegungsgefüge" zu festigen.

[46)] Siehe auch Hans Schwenk, Marschmusik, Feder Verlag, München 1965, S. 11
[47)] Dore Jakobs, a. a. O., S. 382

Übungen

1. Stelle verschiedene Altersstufen in ihrer typischen Fortbewegungsart dar und erfinde eine für diese Altersstufe typische stimmliche Verlautbarung:

1.1 Kind: Hüpfen und Singen/Trällern

1.2 Jugendliche Mädchen
   In Gruppen gehen, miteinander tuscheln und kichern.

1.3 Jugendliche Burschen
   In Gruppen gehen, drängeln, diskutieren oder laut singen – nur bei Reservisten und Fußball

1.4 Erwachsene gehen:
   Verschiedene Temperamente, verschiedene Stimmungen und Gehziele in der Gehbewegung darstellen. Zuerst auf einen Typ und Gehziel einigen.

1.5 Alte, kranke und behinderte Leute gehen
   Einzelne Typen darstellen. Über diese Art von Beschwerden sprechen. Bewegungshilfen anbieten.

2. Gehen mit verschiedenem Schuhwerk: Mit Turnschuhen, Lederhalbschuhen, schweren Stiefeln

3. Gehe barfuß auf Teppich, Parkett, Asphaltstraße, Fußweg, Geröll, Wiese, Kopfsteinpflaster, und achte, wie sich die gesamte Gehbewegung von Fuß bis Kopf verändert. Wie verändert sich das Tempo?

4. Gehe von leise bis ganz laut und wieder leise, und achte auf den gesamten Bewegungsablauf und das strebende Tempo.

5. Gehe am Ort und bewege dich dann auf ein Ziel zu.

6. Gehe spazieren, suche einen Partner und plaudere mit ihm.

7. Schlagt einen Wanderschritt ein und singt dazu z. B. „Im Frühtau zu Berge wir gehn…" und kommt zum Gleichschritt. Einer stimmt an.

8. Marschiert in der Gruppe in verschiedenen Tempi:
   1 zu Tempo 114 und stimmt ein Marschlied an, z. B. Die blauen Dragoner sie reiten…
   1 zu Tempo 75
   1 zu Tempo 60
   Marschieren zunächst nach Metronom oder Tempo angegeben durch Perkussionsinstrumente: Handtrommel, Klangstäbe, Drumset; dann das Tempo ohne Hilfen beibehalten. Beat im Schritt hören.

9. Gehen im Jazzwalk, dazu Scatsilben:
   tschum, daf, tschum, daf

10. Tanzlied singen und tanzen: „Wir reiten geschwinde" (siehe S. 84)

3.6 Getast und Stimme

Der Tastsinn wird ungerechterweise zu den sog. „niederen Sinnen" gezählt. Es ist aber nicht so; denn nur „durch den Tastsinn, der sich über die Gesamtoberfläche des Körpers ausbreitet, empfindet sich ein lebender Leib im Medium des umgebenden Raumes; die taktile Reizempfindlichkeit stellt das Sinnesorgan der Grenzzone dar."[48] Hier erlebt der Leib seine körperliche Abgrenzung zur Umwelt, nicht über andere Sinne.

Als solcher wirkt der Tastsinn passiv und rezeptiv.

Wenn man selbst seinen Tastsinn gebraucht, wenn man berührt, betastet oder wenn man angestoßen, geschlagen, umarmt oder geohrfeigt wird, dann werden, entsprechend der Art des Tastens oder Getastetwerdens körperliche Reaktionen, Gefühle, spontane stimmliche Äußerungen frei, die oft viel stärker als bei Sinneseindrücken optischer oder akustischer Natur sein können. Man reagiert schneller und heftiger.

Mit dem Erlebnis des „Angerührtwerdens" kommt eine wichtige Erlebnisquelle dazu: Es ist die Fähigkeit, die Berührung zu lokalsieren, d. h. den „Lokalwert" zu erkennen.

An welcher Stelle meines Körpers werde ich berührt?

Die Haut des ganzen Körpers spricht auf Berührungsreize an. Jedoch ist die Druckempfindlichkeit sehr verschieden. Pro cm^2 kennen wir durchschnittlich 25 Druckpunkte. Bei der Zunge lassen sich auf 1 mm noch unterschiedliche Reize feststellen, bei Fingerspitzen auf 2 mm. Das unempfindlichste und stumpfeste Tastgefühl erlebt man auf dem Rücken und dem Brustkorb. Bei Armen und Beinen nimmt die Empfindlichkeit zu, je weiter man vom Rumpf entfernt berührt wird.

Statt nur einer Berührung kann man eine doppelte verspüren, wenn die Hautoberfläche in einer von der gewöhnlichen Lage abweichende gebracht wird.

Verschiedene Druckempfindlichkeit und Täuschung durch eine außergewöhnliche Hautlage erschweren demnach die Bestimmung des Lokalwertes einer Druck- bzw. Berührungsstelle am Körper.

Vorwiegend Hände und Arme, insbesondere Finger und Fingerspitzen machen das Tastorgan zum aktiven, angreifenden Organ schlechthin. „Die Hand entrückt den Tastsinn seiner rezeptiven Passivität, sie organisiert ihn für die Erfahrung und Leistung."[49]

Die taktile Empfindlichkeit von Hand oder hauptsächlich von Fingerspitzen kann verbunden mit der Beweglichkeit von Armen und Beinen auf das Umfeld des agierenden Menschen übertragen, gesteigert und erweitert werden.

Dabei wird eine weitere Empfindungsqualität frei, nämlich die des Muskel- und Kraftsinnes gekoppelt mit der entsprechenden Bewegungsempfindung. Man spricht von einer „Tiefensensibilität". Über dieses kinästhetische Bewußtsein kann man sehr viel über die Beschaffenheit von Körpern erfahren:

---

[48] Franz Kiener, Hand, Gebärde, Charakter, Ernst Reinhardt Verlag, München 1962, S. 29
[49] H. Focillon in Fr. Kiener, a. a. O., S. 29

Der Muskel- und Kraftsinn läßt Richtung, Geschwindigkeit, Empfindungen der Spannung, Ausdehnung und Gestalt sowie die Größe von Körpern erkennen.

In den Händen vereinen sich Tast- und Muskelsinn. Sie informieren über wichtige Eigenschaften der Gegebenheiten der Umwelt, die über Sehen und Hören nicht zu erfahren sind, wie Härte, Weichheit, Zähigkeit, Glätte, Rauhheit, Teigigkeit, Öligkeit, Trockenheit, Spitzigkeit, Stumpfheit, Elastizität, Klebrigkeit, Feuchtigkeit und Temperatur.

Auch Formen und Bildungen werden über das Tasten vermehrt erlebt und erfahren. Streiche mit den Händen über eine Büste oder Figur, und du wirst sehen, wie sich das Bildwerk in dir zusätzlich zum Seheindruck vertieft.

Die Wirklichkeit tritt im Tasten dem Menschen in einer anderen Weise entgegen als beim Sehen, nämlich nicht abgelöst, sondern mit dem eigenen Leib verbunden.

Der Gesichtssinn kann uns betrügen, z. B. ein in Wasser getauchter Stab erscheint gebrochen. Das Befühlen des Stabes korrigiert den falschen Eindruck. Das Bild kann also Täuschung sein, nicht aber das Getastete.

„Fernsinn", also das Auge und „Nahsinn", das Getast müssen sich im Zusammenwirken ergänzen. Beide sind nötig, um Gegenstände und Menschen gründlich kennenzulernen.

Alles, was das Kind sieht, will es auch anfassen und betasten. Auch im späteren Alter ist das Bedürfnis des Abtastens vorhanden, deutlich zu sehen in Museen oder Ausstellungen, wo allenthalben der „haptischen Neugier" durch Schilder wie „Nicht anfassen" oder „Nicht berühren" entgegengewirkt wird.

Etwas Fremdes erscheint nicht voll erfaßt zu sein, wenn es nicht betastet werden kann:

Berufe wie: Feinmechaniker, Optiker, elektronische Gerätebauer, Modelleure, Schnitzer, Geiger, Zahnärzte, Chirurgen, Sortierer müssen ihren Tastsinn verfeinert haben. Hochentwickeltes Tastgefühl ist hier existentiell wichtig.

Ein geschultes und sensibilisiertes Getast ist nicht nur für gewisse Berufe wichtig, es hat darüber hinaus Bedeutung für die allgemeine Weltkenntnis und für den Menschen selbst. Der Mensch sensibilisiert nicht nur seine Tastorgane, er sensibilisiert weit darüber hinaus durch Training des Tastsinnes seine Gefühle.

Nicht umsonst wird das Haptische im Bereich des Erotischen angefacht. Liebende sind immer versucht, sich auf vielfältige Weise zu berühren, zu drücken, zu streicheln, schweigend oder verbunden mit Lauten, leise oder laut, je nach dem haptischen Auslösefaktor. Tasten und Lautgebung verschmelzen zu **einem** Gefühlsausdruck.

Schmerz- oder Lustempfindung äußert sich synchron in Stimme und Tastgefühl. Durch Herbeiführen eines körperlichen Kontaktes: Berühren, Streicheln, Anstoßen, Festhalten, Wegstoßen kann man Verschiedenes übermitteln.

Man kann Gefühle übertragen, z. B. aufmuntern, besänftigen, anstacheln, Geborgenheit und Zugehörigkeit vermitteln, aber auch Trennung und Abneigung auf besonders eindringliche Weise signalisieren.

Gefühlsübermittlung geschieht auf diese Weise besonders direkt, unwiederholbar und eindringlich. Tasten in verschiedenen Formen ist eine primäre Äußerung und kommt **vor** der verbalen, akuemischen Aussage, die dann bestätigend, steigernd oder mildernd wirken kann.

Langsame, feste Kontaktbewegungen wecken eine beruhigende Gefühlslage, während schnelle, ruckartige, unterbrechende Hand-Fingerkontakte beunruhigend wirken, evtl. Schmerz auslösen können, besonders dann, wenn nicht die ganze Hand beim Berührungsvorgang beteiligt ist.

Körperliche Berührungskontakte lösen die intensivste, ursprünglichste und spontanste Art von kommunikativem Empfinden aus. Sie sind Höhepunkte des menschlichen Sichfindens und menschlicher Entäußerung.

Kinder, Jugendliche, Erwachsene und alte Menschen brauchen gleichermaßen dringend solche positiven Berührungsgesten, um menschliche Bindungen zu aktivieren und zu festigen.

Um so negativer weisen sich Ohrfeigen, Puffer, Schläge usw. im zwischenmenschlichen Beziehungsfeld aus. Sie sind kategorisch abzulehnen. Sie zerstören die Basis menschlichen Zusammenlebens.

Übungen:

1. Streiche über einen Gegenstand
a) mit lockerer Hand
b) mit verkrampfter Hand
Erkenne und beschreibe den Unterschied.

2. Vollzug einer Selbstbegegnung durch Abtasten des eigenen Körpers
– Taste deinen Körper mit einer Hand, mit beiden Händen, mit jeweils einem oder mehreren Fingern von den Haaren bis hinab zu den Füßen ab.
– Steigere die Intensität des Tastens bis zum Druck.
– Trommle auf deinem Körper und vernehme und spüre die Klangunterschiede bei den einzelnen Körperteilen, z. B. Brust und Bauch.
– Streiche über verschiedene Körperteile und versuche Spannungen zu erkennen.
– Versuche durch Streichen (zum Herzen) und leichtes Kneten selbst Verspannungen zu lösen (Versuch einer Selbstmassage!)
– Spüre den Unterschied: Berühren der nackten Haut oder Berühren des bekleideten Körpers. Beschreibe ihn.
– Spüre die unterschiedlichen Schmerzempfindungen an deinem Körper.
– Streiche zärtlich an verschiedenen Stellen über deinen Körper und registriere die verschiedenen Hautreaktionen. Beschreibe dein Gefühl, das du einerseits

beim berührten Körperteil hast und das du andererseits in den Fingern bzw. Händen spürst, mit denen du berührst.
– Stelle eine jeweilige Änderung des Atemvorganges fest.

3. Partnerübung

3.1 Zur Auflockerung und Entspannung:
Wechselseitiges spontanes Berühren, Betasten, Streicheln, Drücken, Umarmen, Puffen, Stoßen, verbunden mit akuemisch gefärbten Interjektionen und Rufen.

3.2 Nebeneinander oder gegenüber sitzen, Augen schließen und eine Hand fassen: Einer bzw. eine versucht, durch einen gewissen Händedruck oder durch Einsatz von Fingern und Handteller bzw. Handrücken dem Partner etwas (ein Gefühl) mitzuteilen. Der Partner reagiert positiv oder negativ durch entsprechende Reaktion der Hand und des Körpers (Zeit lassen bei dieser Übung). Partner beschreibt das Gefühlte oder Gespürte und seine entsprechende Reaktion, wie z. B. Veränderung des Rhythmus in Bewegung und Atmung. Dann erst erzählt der „Auslöser" seine Absicht.
Die Rollen werden getauscht.

4. Gruppenübung:

4.1 Frei durch den Raum gehen. Jeweils mit einem Körperteil (Körperteile im Einsatz wechseln) einen Teilnehmer anstoßen in unterschiedlicher Intensität an einer bestimmten Stelle, z. B. mit dem Kopf den Rücken des Anderen, oder mit dem Fuß das Gesäß des Anderen anschubsen. Dabei entsprechend der Dynamik und Absicht Laute, rufe von sich geben.

4.2 Dasselbe Spiel mit gesteigerter Dynamik und gesteigertem Tempo, aber **ohne den Anderen zu berühren!** Erfahrungen austauschen.

4.3 Nebeneinander im Kreis sitzen und Augen schließen: Einer bzw. eine beginnt durch irgendeine besondere Hand- bzw. Fingerberührung etwas mitzuteilen, z. B. durch einen leichten Stups mit den Fingern: paß auf! Der Angerührte gibt den Impuls auf gleiche Weise weiter, dieser wieder weiter und so fort, bis die Anrührung wieder zum Auslöser zurückkommt.
Im Gespräch werden Erlebniserfahrungen ausgetauscht und die Absicht des Anrührens gedeutet.
Was hat der Auslöser gespürt, was hat er angetroffen? Stoff oder Haut mit bestimmten Eigenschaften, Vibration oder vielleicht Zuckungen?
Was hat der Angerührte verspürt? War er (sie) erschreckt, beruhigt, war die Berührung weich, hart, kitzlich, kalt, heiß, spitz, stumpf, war sie ihm (ihr) angenehm oder unangenehm?
Der „Auslöser" wird gewechselt und das Spiel mit einer anderen Berührungsart weiter geführt.
Das Spiel solange fortsetzen, bis jeder „Auslöser" war.

Unterrichtsskizzen zu Tasten und Sprechen

Unsere fünf Sinne sind die Brücken, die uns mit allem Leben verbinden, mit anderen Menschen, mit der Natur und mit all den bunten Erscheinungsformen der Welt. Wir hören, sehen, riechen, schmecken und fühlen all das Leben, das uns umgibt, und mit einem sechsten Sinn erahnen wir gar zukünftige Ereignisse.

Wenn unsere Sinne aktiviert und speziell, wenn sie in besonders intensiver Weise angesprochen werden, vorhandene oder erwartete Sinneseindrücke unser Interesse, unsere Aufmerksamkeit erregen, aktivieren wir unwillkürlich spezifische Teile unserer Körpermuskulatur, was zu Gesichts- und Körperausdruck, d. h. zu Gebärden führt. Eine fragende oder lauschende Körpersprache entsteht, wenn wir einen Sinneseindruck nicht ganz begreifen oder lokalisieren können: „Woher kommt das Geräusch?", „Was riecht so merkwürdig?", „Welcher Geschmack?", „Was hat sich bewegt?" In solchen Situationen ist unser Körper von Kopf bis Fuß auf Empfangen eingestellt, er nimmt eine, die Situation abtastende Gebärde ein. Bei Rudolf Steiner gehört die tastende Gebärde zu einer der sechs Grundgebärden des Menschen. Anregungen dazu erhalten wir in der Unterrichtsskizze „Tastende Körpergebärde".

Der Tastsinn ist es, der uns mit dem zu erforschenden Gegenstand in Kontakt treten läßt, wir fassen ihn an, ertasten die Form, die Struktur, das Gewicht, die Temperatur, erraten das Material, kurz, es entsteht eine Verbindung zwischen Wirklichkeit und unserem Körper.

In diesem Kapitel beschäftigen wir uns mit dem **Tastsinn unserer Hände und Finger, der auch in enger Verbindung mit der hochentwickelten artikulatorischen Feinmotorik des Sprechens steht und zu tastenden Armgebärden anregt.**

Das Erlernen der Bildung von Lauten braucht viel Vorübung im Tasten, denn Tastvorgänge, von denen wir jedoch nichts mehr spüren, spielen dabei eine wichtige Rolle. Das Kleinkind erobert sich die Gegenstände durch Abtasten mit den Händen, den Lippen und der Zunge. So „begreift" es die Dinge im doppelten Sinne. Auf diese Weise bereitet es die Artikulationswerkzeuge Lippen Zunge auf ihre Aufgaben bei der Bildung von Sprachlauten vor. So ist beim Sprechbehinderten die mit dem Tastsinn eng verbundene Feinmotorik oft unterentwickelt. In den nachfolgenden Praxisbeispielen gehen wir auf diesen Anfang der Lautbildung zurück und **verbinden wieder die Tastarbeit von Lippen und Zunge mit dem Tasten durch die Finger und Hände und speziell das Fingerspitzengefühl mit der Zungenspitzenfähigkeit bei der Konsonantenbildung**[50].

---

[50] Siehe dazu H. Coblenzer; Erfolgreich sprechen; Österr. Bundesverlag, Wien 1987, S. 98 ff

Zur Verdeutlichung machen wir uns bewußt, daß die Konsonanten durch die Bildung von Hemmstellen im Ausatemstrom entstehen. Die Zungenspitze berührt die Zahnreihe von hinten, um ein „d" oder „t" zu bilden, der Zungenrücken bewegt sich zum harten Gaumen, so daß sich ein „g" oder „k" entwickeln kann. Die Lippen liegen aufeinander, um beim Aufplatzen ein „b" oder „p" entstehen zu lassen. Es braucht nun außer dem genauen Auffinden des Artikulationsortes durch das Tasten noch die richtige Dosierung der Muskelspannung bei der Berührung von Zunge und hinterer Zahnreihe, Zungenrücken und Gaumen sowie der Lippen aufeinander, um einen deutlichen Unterschied zwischen „b" und „p" oder „d" und „t" zu artikulieren.

Diese Verbindung von Tastsinn und Sinn für Muskelspannung steht im Mittelpunkt der dritten und fünften Unterrichtsskizze von „Tasten und Sprechen". In den Skizzen eins und zwei stimulieren wir erstmal die Tastfähigkeit unserer Hände, um dadurch die Sensibilität für die früher erworbene Tätigkeit von Zunge und Lippen wieder zu beleben, d. h. die Sprache „in den Griff" zu bekommen und die Plastizität der einzelnen Laute zu erhöhen. „Jeder Laut hat Zauberkraft", sagt M. Schaffer in seinem Buch „wenn wörter klingen" und „ein Wort ist eine Kette magischen Klangkristalls". Die hörbare Seite der Sprache, ihr musikalischer Anteil ist vor lauter „Hirnarbeit" zumeist verloren gegangen. Die Wiederbelebung des Tastsinnes und der Tastgebärden in Verbindung mit der Lautbildung läßt die Sprache in neuem Licht erscheinen.

Zielsetzungen:
- Experimentieren und Einfühlen in Gebärden, die durch Aktivierung unserer Sinne ausgelöst werden.
- Erfahrungen sammeln mit dem Tastsinn in Verbindung mit der Bildung von Lauten und Worten.
- Aus dem Tasten mit Fingerspitzen und Handinnenfläche zu Lautgebärden mit den Armen finden, die in enger Korrespondenz zur stimmlichen Ver-laut-ba-rung der Vokale und Konsonanten stehen.

1. Tastende Körpergebärden

Das folgende Gedicht von J. Krüss[51] läßt uns auf sehr eindrucksvolle Weise ein aufloderndes und wieder verebbendes Feuer über unsere verschiedenen Sinne miterleben.

---

[51] aus: James Krüss, Der wohltemperierte Leierkasten, © 1961 C. Bertelsmann Verlag GmbH, München

Das Feuer

Hörst du, wie die Flammen flüstern,
Knicken, knacken, krachen, knistern,
Wie das Feuer rauscht und saust,
Brodelt, brutzelt, brennt und braust?

Siehst du, wie die Flammen lecken,
Züngeln und die Zunge blecken,
Wie das Feuer tanzt und zuckt,
Trockne Hölzer schlingt und schluckt?

Riechtst du, wie die Flammen rauchen,
Brenzlig, brutzlig, brandig schmauchen,
Wie das Feuer rot und schwarz,
Duftet, schmeckt nach Pech und Harz?

Siehst du, wie die Flammen schwärmen,
Glut aushauchen, wohlig wärmen,
Wie das Feuer flackrig-wild,
Dich in warme Wellen hüllt?

Hörst du, wie es leiser knackt?
Siehst du, wie es matter flakt?
Riechst du, wie der Rauch verzieht?
Fühlst du, wie die Wärme flieht?

Kleiner wird der Feuerbraus:
Ein letztes Knistern,
Ein feines Flüstern,
Ein schwaches Züngeln,
Ein dünnes Ringeln – Aus.

Ein Feuer kann gehört und gesehen werden. Auch der Geruchssinn wird angeregt, ja sogar unser Geschmack schaltet sich mit ein. Schließlich wird auch noch unser Sinn für Temperatur angesprochen. Der Tastsinn wird hier ausgelassen, wollen wir uns doch nicht verbrennen!
Als inspirierender Einstieg in dieses Gedicht und zur Erwärmung und Einstimmung unseres Körpers auf Körpersprache und körperliche Gebärde bieten wir einen israelischen Tanz, den „Hora medurah" an. Er ist eine Art „Feuerbeschwörungstanz", der um das Lagerfeuer getanzt wird.

Hora Medurah[52]

Aufstellung: Kreis ohne Paare, Hände gefaßt.

erst bei der Wiederholung!

_____
[52] In einer vereinfachten Tanzform nach Regula Leupold. Der instrumentale Satz ist von Uli Führe

(© Arrangement: Uli Führe, 79199 Kirchzarten; Melodie: tradit. Israel)

Zur Besetzung und Ausführung: Der Satz ist sehr praxisnah mit Blockflöten zu besetzen. Aber auch Geige, Querflöte, Klarinette und Akkordeon klingen in dieser Musik sehr gut. Sinnvoll ist auf jeden Fall eine Gitarrenbegleitung und Kontrabaß. Bei der Aufführung sollten nicht immer alle zweiten Stimmen gespielt werden. Oftmals ist es effektvoller, diese Stimmen erst bei der Wiederholung hinzuzufügen. Auch Oktavierungen nach oben bringen Steigerungsmöglichkeiten.

Die Form: Intro D^2/A/B/A/B/C/D/C/D/A/B/
(Intro D^2, d.h., daß man die letzten vier Takte von D in Klammer zwei spielt. Tänzer brauchen immer eine Vorgabe, damit sie wissen, wann es losgeht.)

Tanz-Aufstellung: Kreis, Hände gefaßt

A/C   Nach rechts – zur Mitte und zurück

1–2	4 Seitnachstellschritte nach rechts
3	4 Laufschritte zur Mitte r., l., r., l.,
4	4 Laufschritte zurück r., l., r., l.,
5–8	Takte 1–4 wiederholen

B/D   Auf der Kreisbahn nach links

1	4 Laufschritte auf der Kreisbahn nach links
2	4 Laufschritte auf der Kreisbahn nach links in gebückter Haltung
3	Wie Takt B 1
4	2mal mit r. Fuß stampfen
5–8	Takt B 1–4 wiederholen

Haben wir das imaginäre Feuer umtanzt, so können wir uns nun in verschiedenen Körperstellungen (stehend, kniend, sitzend, liegend) um das „Feuer" postieren und es durch das gelesene Gedicht noch detaillierter vor dem geistigen Auge entstehen lassen. Die einzelnen Stadien des Feuers sind so ausführlich beschrieben, die einzelnen Sinne werden auf so poesievolle Weise angeregt, daß lauschende, betrachtende, riechende und schmeckende Gebärden, wie auch die körperliche Reaktion auf die steigende Temperatur, sich von selber einstellen werden. Obwohl der Tastsinn nicht direkt angesprochen wird, ist **das tastende Element, im Sinne von erfahren, erforschen und in sich aufnehmen wollen, in allen sinnlich angeregten Körpergebärden enthalten.**

Anregend ist es, wenn eine Feuergruppe oder auch ein Feuersolist die sechs Akte des Feuer-Stückes in der Kreismitte durch entsprechende Bewegungen darstellen, so daß die Feuerbetrachter außer den gelesenen Worten auch noch die Feuerdarstellung sehen (siehe S. 94).

Schließlich ist auch noch eine akustische Illustration des Gedichtes durch improvisiertes Spiel auf Schlaginstrumeten (Fell, Holz, Metall, Rasseln) oder auch Selbstbauinstrumenten denkbar.

2. Ertastetes Verbalisieren

Verschiedene Gegenstände liegen auf dem Tisch. Mit verbundenen Augen sollen sie abgetastet und das Erspürte gleichzeitig in Worte gefaßt und beschrieben werden. „Ich fühle etwas Rundliches, Weiches und Feuchtes" usw., wobei also nicht die Erkenntnis unseres Verstandes gefragt ist, wie z. B. die Feststellung: „Es ist ein Schwamm".

Wird diese Aufgabe in voller Tastkonzentration ausgeführt, so werden die gesprochenen Worte anders klingen, als wenn wir uns ohne Achtsamkeit ihrer bedienen, d. h. in unserer Umgangssprache sprechen. Diese charakterisiert der Wiener Kritiker Karl Krauss folgendermaßen: „Es gibt Leute, die gehen mit der Sprache nur so um". Das Tasten mit unseren Fingerspitzen lenkt unser „Fühlmerk" (nicht Augenmerk) auf den Entstehungsprozeß der Laute in unserem Mund, bei deren Bildung ebenfalls Tastvorgänge, die für den Sprecher wieder fühl- und hörbar werden, stattfinden. Auf diese Weise tasten wir uns während des Sprechens am Seil der Konsonanten entlang, wodurch der denkende Mitvollzug beim Zuhörer verbessert wird.

2. Gesprochenes Ertasten: „Mirakel"

Das Gedicht „Mirakel" beschreibt auf ausführliche und teilweise verwirrende Weise die Form und das Aussehen eines Neandertalers. Das „Mirakel" wird allerdings erst in der letzten Zeile gelüftet.

Mirakel[53]

ein glatter zarter
ganz unbehaarter
und runder weisser
halb kalt halb heisser
herabgebeugter

---

[53] Helmut Heissenbüttel, in: Seifenblasen zu verkaufen, herausgegeben von J. Krüss, Bertelsmann Verlag, Gütersloh, 1972, S. 64, © Elisabeth Baumann, Murnau

ein wenig feuchter
und strammgebückter
unten gewölbter
nach oben kölbter
birnengeformter
und ungenormter
zärtlich zu fassender
kaum loszulassender
doppelt geschweifter
sanft ausgereifter
geschwind kuranter
und eleganter
bibbernd lebendiger
ungemein wendiger
matt aufglänzender
in sich ergänzender
ein ganz normaler
und schön ovaler
entzückend banaler
neandertaler

Die Tastworte müssen nicht erst wie beim Ertasten von Gegenständen entwickelt werden, sie sind ja durch das Gedicht vorgegeben. Beim Sprechen muß nun das Tempo so gewählt werden, daß genügend Zeit vorhanden ist, die vielen unterschiedlichen und ungewöhnlichen Merkmale des Neandertalers vor sich zu sehen. Dabei helfen wiederum die abtastenden Hand- und Fingerbewegungen, die auch in Armgebärden einmünden können. So regen beispielsweise die Zeilen „unten gewölbter", „nach oben kölbter" und „birnengeformter" dazu an, *das gesprochene Wort als Form in die Luft zu malen.* Wiederum durch die tastende Handbewegung angeregt, werden die einzelnen Laute, die die Klanggestalt der Adjektive ausmachen, mit Sorgfalt und Achtsamkeit gebildet. Auf diese Weise können sie kaum mehr verschluckt werden, was der Sprachverständlichkeit zugute kommt, und *das Sprechtempo wird so gewählt, daß mit Hilfe der Gebärden innere Bilder beim Sprecher und Hörer entstehen können.*

4. Tastende Aktivierung der Muskelspannung durch einen elastischen Widerstand

„Die Nadel sagt zum Luftballon"[54]

Die Nadel sagt zum Luftballon:
„Du bist rund
ich bin spitz.
Jetzt machen wir beide einen Witz,
ich weiß ein lustiges Schnettereteng:
Ich mache pick,
und du machst PENG!"

Dieses Gedicht erzählt von zwei, allein schon äußerlich sehr gegensätzlichen Objekten, einer spitzen Nadel und einem aufgeblasenen, runden Luftballon. Wir nehmen das Gedicht einmal wörtlich, indem wir während des Sprechens mit spitzem Finger, in Anlehnung an die Nadel, einen voll mit Luft gefüllten Luftballon ertasten und bei jeder Silbe von neuem den elastischen Widerstand des Luftballons spüren. Wieder gilt, was die Fingerspitze tastet, erfühlen auch die Zunge und die Lippen. Bei einem zweiten Mal konzentrieren wir uns vor allem

---

[54] Josef Guggenmos, aus: ders., Ich will dir was erzählen, © Beltz Verlag, Weinheim und Basel, Programm Beltz und Gelberg, Weinheim

auf die beiden lautmalerischen Worte „pick" und „peng", fühlen, wie der Tast-
widerstand durch den Luftballon nicht nur die Muskulatur der Fingerspitzen aktiviert, sondern auch die der Lippen, deren abruptes Öffnen ein plastisches „p" bewirkt, dessen Präzision sowohl den Nadeleinstich als auch das Platzgeräusch des
Ballons verdeutlicht.

Das Gedicht animiert auch zu einer szenischen Gestaltung für eine Gruppe, die
den Luftballon darstellt, einen Nadelsolisten und einen Erzähler, der den einlei-
tenden Satz spricht. Was vorweg auf differenzierte Weise in der Verbindung von
Tastsinn und Sprechen erfahren wurde, kann jetzt in die großflächige Darstellung einfließen. Die Nadel-Person erfühlt mit einer zielgerichteten Armgebärde
bis in die Fingerspitzen hinein, beim Einstich mit „pick", den elastischen Widerstand des Gruppenballons, der ja vorweg an dem realen Luftballon erspürt
worden war. So kann aus der Erinnerung heraus die richtige Muskelspannung an
den Lippen wieder aufgefunden werden, wobei die intentionale Armgebärde
des Hineinstechens, verbunden mit dem Wort „pick", eine Hilfe darstellt.

5. Berührungskontakte über die Fingerspitzen

Haben wir bisher Gegenstände ertastet, so wählen wir uns nun ein „lebendes"
Gegenüber. Wir bilden einen Innenkreis und einen Außenkreis. Die Innenkreis-
Teilnehmer schließen die Augen, stehen mit angehobenen Armen, die Handin-
nenflächen nach vorne gehalten, in Erwartung, wer vom Außenkreis sich mit

seinen Händen nähern wird. Mit sehr viel Fingerspitzengefühl, unter Ausschaltung des visuellen Sinnes, erforschen die Hände einander und können dabei auch gemeinsame Handbewegungen ausführen (siehe dazu auch die Unterrichtsskizze „Sprechende Hände" auf Seite 55).

Letztendlich soll der Kontakt immer feiner werden, durch Verringerung der Berührungsfläche, die nur noch auf Fingerkuppenkontakte, z. B. der Zeigefinger reduziert wird. Der Partner vom Außenkreis öffnet wieder die Augen und führt sein Gegenüber, nur noch an einer Fingerspitze im Kontakt, mit viel Einfühlungsvermögen durch den Raum. Der Fingerkontakt darf dabei nicht verloren gehen.

6. Tastkontakte über einen Stab

Nach Austausch der Rollen verändern wir unsere Übung, indem wir einen Stab einbeziehen, so daß der Kontakt nicht mehr direkt, sondern von einer Fingerspitze über den Stab zur anderen Fingerspitze fließt. Damit der Stab nicht hinunterfällt, muß ein gewisser, sensibel aufeinander abgestimmter gegenseitiger Druck vorhanden sein, womit unser Muskelsinn angesprochen wird. Es kann sich auch eine deutliche Führungsnahme entwickeln, bei der von einem Partner mehr Druckintensität ausgeht, verbunden mit einer Vorwärtsbewegung, auf die das Gegenüber reagieren muß.

7. Tastkontakte über einen Stab in Verbindung mit einem Gedicht

Das nachfolgende Zahlengedicht eignet sich dazu, unsere Fingerspitzen-Tastsinn-Muskelspannungs-Experimente mit Sprache zu verbinden

ZWÖLF[55]

EINS ZWEI DREI VIER FÜNF
FÜNF VIER DREI ZWEI EINS
ZWEI DREI VIER FÜNF SECHS
SECHS FÜNF VIER DREI ZWEI
SIEBEN SIEBEN SIEBEN SIEBEN SIEBEN
ACHT EINS
NEUN EINS
ZEHN EINS
ELF EINS
ZEHN NEUN ACHT SIEBEN SECHS
FÜNF VIER DREI ZWEI EINS

---

[55] © 1973, Karl Schwitters, Das Literarische Werk, Bd. 1 Lyrik, DuMont Buchverlag Köln

Der Schlüssel zu diesem Gedicht liegt in seiner Überschrift. Die Zwölf zu erreichen, wird immer wieder versucht EINS ZWEI DREI VIER FÜNF/ZWEI
DREI VIER FÜNF SECHS. Erfolge der Annäherung sind zu verzeichnen, dennoch gibt es auch stets den Rückzug zum Gegenpol, zur EINS, wie FÜNF VIER
DREI ZWEI EINS oder SECHS FÜNF VIER DREI ZWEI. So bietet sich eine
Aufteilung als Zweipersonenstück an, die besprochen und dann festgelegt werden sollte. Die beiden Sprecher transportieren nun jeweils ihre Zahlen über den
eigenen Arm, die Fingerspitze, den Stab zum Gegenüber, wobei an den Fingerspitzen die Intensität spürbar ist, die mit der sprachlichen Spannung, in der die
Zahlen gesprochen werden, konform geht. Zum Experiment mit dem Tastsinn,
in Verbindung mit Sprache, kommt hier, wieder in anderer Weise als mit dem
Luftballon, das Spiel mit der Muskelspannung hinzu. Es braucht die ständige
Bereitschaft zum Impulse geben und empfangen, auf der Grundlage engen Part-
nerkontaktes.

8. Akustische und visuelle Lautlandschaften

In Abwandlung eines Spieles mit dem Namen „Chinesisches Restaurant" kommen wir zu einer Spielregel, die eine weitere Differenzierung des Wortertastens
darstellt, indem nun sogar die einzelnen Laute eines Wortes in ihren klanglichen
Variationsmöglichkeiten ausgelotet und abgetastet werden.
In der Gruppe wird eine Speise verabredet, z. B. „Apfelmus mit Zimt", während
ein Gruppenmitglied diese Verabredung nicht mithört. Seine Aufgabe ist es nun,
diese Speise herauszubekommen, obwohl jedes Gruppenmitglied auf seine Weise die Laute hinsichtlich ihrer Klangmöglichkeiten hörbar auslotet und dabei
auch den Wechsel von einem Laut zum anderen individuell bestimmt. Verbin-
dend ist die Einhaltung der Lautreihenfolge, also A, PF, E, L, M, U, S. Der An-
fangsbuchstabe „A" kann als genußvoll geseufzter A-Laut erklingen, parallel
dazu könnte ein anderes Gruppenmitglied einen fragenden A-Laut verlautbaren
lassen, verbunden mit einer Tonkurve, die von unten bis in hohe Tonlagen glei-
tet, einem sogenannten Glissando, während jemand drittes zu koloraturartigen
Gesangspassagen auf A animiert werden kann. Wir werden dabei nochmal an
M. Schaffers Ausspruch „jeder Laut hat Zauberkraft" erinnert. Jedes Gruppenmitglied wird auf seine W eise den „Lautzauber" erklingen lassen und dennoch
werden sich die Ausführenden auch gegenseitig anregen, Ideen aufgreifen und
wieder variieren und auf diese Weise miteinander korrespondieren. Es entsteht
eine Gruppenimprovisation.
Haben wir in der dritten Unterrichtsskizze „Mirakel" einzelne Worte als „Luft-
form" während des Sprechens gemalt, so versuchen wir nun, den „Auslotpro-
zeß" der einzelnen Laute bis in unsere Hände und Finger hineinfließen zu
lassen, indem wir diese in eigenschöpferischer Weise in die Luft malen. So

entstehen hör- und sichtbare Lautlandschaften mit Ebenen, Tälern, Hügeln oder schroffen Bergspitzen.

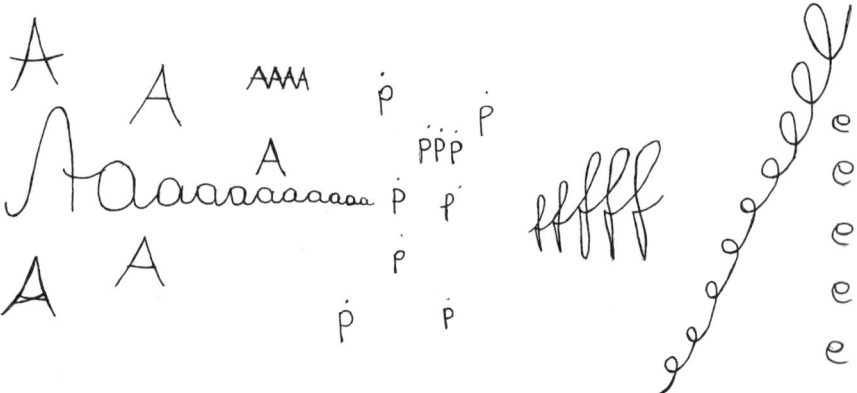

Gleitend ist dabei der Übergang zu Armgebärden, die, wie auch die Lautgebung, ihren Ansatz in der Körpermitte haben. Somit erspüren wir die Lautgebung als ein ganzkörperliches Erlebnis und erfahren das Wort als eine „Kette magischen Klangkristalls", die man sieht und hört und bei der jedes Kettenmitglied als magisches Klangkristall in Klang und Lautgebärde beachtet werden sollte.

9. Großflächige Lautgebärden

Haben wir bei der ersten Unterrichtsskizze mit differenzierter, feinster Fingerspitzentastarbeit begonnen, so endet das Kapitel „Getast und Stimme" in dieser achten Skizze mit klangvoller Lautgebung und ausgreifenden Lautgebärden, indem wir farbige, lange Seidenbänder miteinbeziehen. Unsere Lautlandschaften erweitern und vergrößern sich, indem die Bänder großflächig in den Raum übertragen, was unsere Zunge und unsere Lippen formen.

Nachwort

„Begriffe ohne Anschauung sind leer, Anschauungen ohne Begriffe sind blind".

(Immanuel Kant)

Dieser Satz zeigt, wie **Theorie** (Definition, Beschreibung, Ordnung und Zusammenhang von Begriffen) **und Praxis** (Anschauen, Leben, Zusammenwirken und Gestalten der in den Begriffen festgelegten Inhalte) **sich einander bedingen. Sie stehen in enger Wechselbeziehung.**

Dieses Zusammengehören von Theorie und Praxis kommt in allen Kapiteln des Buches zur Geltung.

Weil Inhalt und didaktische Konzeption in diesem Buch kein „schulisches Plansoll" erfüllen, ist für den Pädagogen: Grund- und Hauptschullehrer, Realschul- und Gymnasiallehrer, Sozialpädagogen und den im freien Raum (Vereine und Privatinitiativen) Arbeitenden erforderlich, sich grundsätzliche Gedanken über die Art der Verwendung des Inhaltes zu machen.

Verschiedene Möglichkeiten bieten sich an:

1. Die vorgegeben praktischen Beispiele werden ganz oder teilweise übernommen, oder
2. die Unterrichtsskizzen können für die jeweilige schulische Situation vereinfacht oder erweitert werden, oder
3. die Theorie kann für Entwicklung eigener Unterrichtsskizzen verwendet, oder
4. passende Buchkapitel in lehrplanmäßig anstehende Aufgaben eingefügt werden.

Der Pädagoge soll das Buch, bewußt nach eigener Entscheidung, als Leitlinie verwenden, und so Körpersprache und Stimme in ihren vielfältigen Bezügen zur Wirkung zu bringen. Im persönlich-kreativen Prozeß soll er den Inhalt selbständig verarbeiten und für die spezifischen schulischen Belange relevant werden lassen.

Zur Gesamtschau des Werkes gehören die eingefügten Bilder, die den Unterrichtsskizzen besondere Aktualität verleihen.

Besonderen Dank gilt deshalb dem Photographen, Herrn Stefan Zenzmaier. Seine Professionalität hat er mit ungewöhnlichem Engagement verbunden, das in den Bildern spürbar wird.

Ein herzliches „Dankeschön" gilt folgenden Studierenden des Orff Instituts, Mozarteum Salzburg:
Hörl Theresia, Kress Beatrice, Steffan Martin, Weiss Joseph, Wolf Angelika und Zänglein Peter.

Sie haben mit viel Einsatz dazu beigetragen, daß die Photos so aussagekräftig werden konnten.

So möge das Buch seinen Weg in den pädagogischen Raum finden und bereichernd sowie anregend für die jeweils tangierenden Fächer wirken.

PRÖGEL PRAXIS –
DIE RATGEBER-REIHE

Aktuelle Analysen anhand *praxisorientierter Unterrichtsbeispiele* helfen dem Lehrer seinen eigenen Unterrichts- und Führungsstil zu entwickeln.

Wenn disziplinäre Schwierigkeiten Unterricht und Schulleben beeinträchtigen, Notengebung und Beurteilungen anstehen oder Vertretungsstunden ein gewisses Unbehagen auslösen: Anregende, spielorientierte und erfolgsbestätigende Stunden wirken für Schüler und Lehrer gleichermaßen motivierend.

Hans-Dieter Göldner u. a.
Schwierige Schüler – was tun?
Neubearbeitung
Prögel Praxis 171, Best.-Nr. 87292-3

Franz-Peter Schimunek
Schülerbeurteilungen
Lehrer schreiben Wortgutachten
Prögel Praxis 164, Best.-Nr. 98620-1

Bruno Stieren
Pausenspiele
Prögel Praxis 156, Best.-Nr. 98608-2

Gisela Breuer
Freie Arbeit im 1. und 2. Schuljahr
Prögel Praxis 132, Best.-Nr. 98571-X

Silvia Regelein
Spielen in Unterricht und Freizeit
Prögel Praxis 121, Best.-Nr. 98541-8

Almuth und Manfred Bartl
Schnelle Hilfen für Vertretungsstunden in der Grundschule
Prögel Praxis 143, Best.-Nr. 98592-2

Almuth und Manfred Bartl
Schnelle Hilfen für Vertretungsstunden in der Hauptschule
Prögel Praxis 151, Best.-Nr. 98599-X

Oldenbourg

Jahreszeitenbücher für einen integrativen Unterricht

Jahrgangs- und fächer-übergreifend stellt die Jahreszeiten-Reihe Themen von Frühling bis Winter, um Fasching, Ostern, Advent und Weihnachten, gesunde Ernährung und Umwelt-erziehung für den Leser anschaulich dar.

Tips, Anregungen und Materialien sind in zahl-reichen Stundenbildern mit entsprechenden, praxiserprobten Kopier-vorlagen gestaltet.

Texte, Bilder und Spiel-ideen bereichern den Unterricht nicht nur als motivierende »Verpak-kung«. Sie erleichtern zugleich die Verknüp-fung von Lerninhalten und Sozialformen im Unterricht.

Elfriede Hirschmann, Annemarie Lösch, Renate Schuster
Frühling in der Grundschule
Prögel Praxis 161, Best.-Nr. 98617-1

Manfred Hahn, Monika Moser
Sommer in der Grundschule
Prögel Praxis 158, Best.-Nr. 98614-7

Sigrid Bairlein, Christel Junker, Manfred Reichgeld
Herbst in der Grundschule
Prögel Praxis 160, Best.-Nr. 98616-3

Marga Beckstein, Barbara Regitz, Brigitte Widder
Winter in der Grundschule
Prögel Praxis 167, Best.-Nr. 98623-6

Helga Müller-Bardorff u.a.
Ostern in der Grundschule
Prögel Praxis 159, Best.-Nr. 98615-5

Margarete Kaufmann
Fasching in der Grundschule
Prögel Praxis 157, Best.-Nr. 98610-4

Marga Beckstein, Barbara Regitz, Brigitte Widder
Advent und Weihnachten in der Grundschule
Prögel Praxis 154, Best.-Nr. 98605-8

Dieter Hell, Jutta Spatz, Herlinde Sporer
Gesunde Ernährung in der Grundschule
Prögel Praxis 168, Best.-Nr. 98624-4

Sigrid Bairlein
Umwelterziehung im 1. und 2. Schuljahr
Prögel Praxis 170, Best.-Nr. 98631-7

Oldenbourg